時間割表（　　　　　　　　　　）

時＼曜	月	火	水	木	金	土
1						
2						
3						
4						
5						
6						

時間割（　　　　　　　　　　　）

時＼曜	月				土
1					
2					
3					
4					
5					
6					

時間割表（　　　　　　　　　　）

時＼曜	月	火	水	木	金	土
1						
2						
3						
4						
5						
6						

【ペタペタボードの使い方】

巻頭のちょっと厚めの色紙ページ（ペタペタボード）に年間を通じて参照するプリント類（例：日課表、分掌一覧、当番表など）を貼っておくと、いつでもサッと見ることができます。

【ワンポイント・アドバイス】

図のように、ペタペタボードの左端にセロファンテープで貼り付けると、ノートを開きながら同時に参照することができて便利です。（例：年間予定表やクラス名簿など）

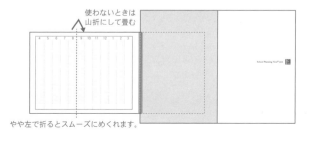

使わないときは山折にして畳む

やや左で折るとスムーズにめくれます。

School Planning Note 2024

2024 令和6年

1 January
月	火	水	木	金	土	日
1	2	3	4	5	6	7
8	9	10	11	12	13	14
15	16	17	18	19	20	21
22	23	24	25	26	27	28
29	30	31				

2 February
月	火	水	木	金	土	日
			1	2	3	4
5	6	7	8	9	10	11
12	13	14	15	16	17	18
19	20	21	22	23	24	25
26	27	28	29			

3 March
月	火	水	木	金	土	日
				1	2	3
4	5	6	7	8	9	10
11	12	13	14	15	16	17
18	19	20	21	22	23	24
25	26	27	28	29	30	31

4 April
月	火	水	木	金	土	日
1	2	3	4	5	6	7
8	9	10	11	12	13	14
15	16	17	18	19	20	21
22	23	24	25	26	27	28
29	30					

5 May
月	火	水	木	金	土	日
		1	2	3	4	5
6	7	8	9	10	11	12
13	14	15	16	17	18	19
20	21	22	23	24	25	26
27	28	29	30	31		

6 June
月	火	水	木	金	土	日
					1	2
3	4	5	6	7	8	9
10	11	12	13	14	15	16
17	18	19	20	21	22	23
24	25	26	27	28	29	30

7 July
月	火	水	木	金	土	日
1	2	3	4	5	6	7
8	9	10	11	12	13	14
15	16	17	18	19	20	21
22	23	24	25	26	27	28
29	30	31				

8 August
月	火	水	木	金	土	日
			1	2	3	4
5	6	7	8	9	10	11
12	13	14	15	16	17	18
19	20	21	22	23	24	25
26	27	28	29	30	31	

9 September
月	火	水	木	金	土	日
						1
2	3	4	5	6	7	8
9	10	11	12	13	14	15
16	17	18	19	20	21	22
23	24	25	26	27	28	29
30						

10 October
月	火	水	木	金	土	日
	1	2	3	4	5	6
7	8	9	10	11	12	13
14	15	16	17	18	19	20
21	22	23	24	25	26	27
28	29	30	31			

11 November
月	火	水	木	金	土	日
				1	2	3
4	5	6	7	8	9	10
11	12	13	14	15	16	17
18	19	20	21	22	23	24
25	26	27	28	29	30	

12 December
月	火	水	木	金	土	日
						1
2	3	4	5	6	7	8
9	10	11	12	13	14	15
16	17	18	19	20	21	22
23	24	25	26	27	28	29
30	31					

国民の祝日（2024年）

祝日法などの改正により、祝日や休日が一部変更になる場合があります

1月1日 .... 元日	5月3日 .... 憲法記念日	9月16日............ 敬老の日
1月8日 .... 成人の日	5月4日 .... みどりの日	9月22日............ 秋分の日
2月11日 .... 建国記念の日	5月5日 .... こどもの日	10月14日 .... スポーツの日
2月23日 .... 天皇誕生日	7月15日 .... 海の日	11月3日 .... 文化の日
3月20日 .... 春分の日	8月11日 .... 山の日	11月23日 .... 勤労感謝の日
4月29日 .... 昭和の日		

・2024年＝2023年2月官報「暦要項」より
・2025年、2026年＝2023年6月現在の法令等より

2025 令和7年

1 January

月	火	水	木	金	土	日
		1	2	3	4	5
6	7	8	9	10	11	12
13	14	15	16	17	18	19
20	21	22	23	24	25	26
27	28	29	30	31		

2 February

月	火	水	木	金	土	日
					1	2
3	4	5	6	7	8	9
10	11	12	13	14	15	16
17	18	19	20	21	22	23
24	25	26	27	28		

3 March

月	火	水	木	金	土	日
					1	2
3	4	5	6	7	8	9
10	11	12	13	14	15	16
17	18	19	20	21	22	23
24	25	26	27	28	29	30
31						

4 April

月	火	水	木	金	土	日
	1	2	3	4	5	6
7	8	9	10	11	12	13
14	15	16	17	18	19	20
21	22	23	24	25	26	27
28	29	30				

5 May

月	火	水	木	金	土	日
			1	2	3	4
5	6	7	8	9	10	11
12	13	14	15	16	17	18
19	20	21	22	23	24	25
26	27	28	29	30	31	

6 June

月	火	水	木	金	土	日
						1
2	3	4	5	6	7	8
9	10	11	12	13	14	15
16	17	18	19	20	21	22
23	24	25	26	27	28	29
30						

7 July

月	火	水	木	金	土	日
	1	2	3	4	5	6
7	8	9	10	11	12	13
14	15	16	17	18	19	20
21	22	23	24	25	26	27
28	29	30	31			

8 August

月	火	水	木	金	土	日
				1	2	3
4	5	6	7	8	9	10
11	12	13	14	15	16	17
18	19	20	21	22	23	24
25	26	27	28	29	30	31

9 September

月	火	水	木	金	土	日
1	2	3	4	5	6	7
8	9	10	11	12	13	14
15	16	17	18	19	20	21
22	23	24	25	26	27	28
29	30					

10 October

月	火	水	木	金	土	日
		1	2	3	4	5
6	7	8	9	10	11	12
13	14	15	16	17	18	19
20	21	22	23	24	25	26
27	28	29	30	31		

11 November

月	火	水	木	金	土	日
					1	2
3	4	5	6	7	8	9
10	11	12	13	14	15	16
17	18	19	20	21	22	23
24	25	26	27	28	29	30

12 December

月	火	水	木	金	土	日
1	2	3	4	5	6	7
8	9	10	11	12	13	14
15	16	17	18	19	20	21
22	23	24	25	26	27	28
29	30	31				

2026 令和8年

1 January

月	火	水	木	金	土	日
			1	2	3	4
5	6	7	8	9	10	11
12	13	14	15	16	17	18
19	20	21	22	23	24	25
26	27	28	29	30	31	

2 February

月	火	水	木	金	土	日
						1
2	3	4	5	6	7	8
9	10	11	12	13	14	15
16	17	18	19	20	21	22
23	24	25	26	27	28	

3 March

月	火	水	木	金	土	日
						1
2	3	4	5	6	7	8
9	10	11	12	13	14	15
16	17	18	19	20	21	22
23	24	25	26	27	28	29
30	31					

4 April

月	火	水	木	金	土	日
		1	2	3	4	5
6	7	8	9	10	11	12
13	14	15	16	17	18	19
20	21	22	23	24	25	26
27	28	29	30			

5 May

月	火	水	木	金	土	日
				1	2	3
4	5	6	7	8	9	10
11	12	13	14	15	16	17
18	19	20	21	22	23	24
25	26	27	28	29	30	31

6 June

月	火	水	木	金	土	日
1	2	3	4	5	6	7
8	9	10	11	12	13	14
15	16	17	18	19	20	21
22	23	24	25	26	27	28
29	30					

7 July

月	火	水	木	金	土	日
		1	2	3	4	5
6	7	8	9	10	11	12
13	14	15	16	17	18	19
20	21	22	23	24	25	26
27	28	29	30	31		

8 August

月	火	水	木	金	土	日
					1	2
3	4	5	6	7	8	9
10	11	12	13	14	15	16
17	18	19	20	21	22	23
24	25	26	27	28	29	30
31						

9 September

月	火	水	木	金	土	日
	1	2	3	4	5	6
7	8	9	10	11	12	13
14	15	16	17	18	19	20
21	22	23	24	25	26	27
28	29	30				

10 October

月	火	水	木	金	土	日
			1	2	3	4
5	6	7	8	9	10	11
12	13	14	15	16	17	18
19	20	21	22	23	24	25
26	27	28	29	30	31	

11 November

月	火	水	木	金	土	日
						1
2	3	4	5	6	7	8
9	10	11	12	13	14	15
16	17	18	19	20	21	22
23	24	25	26	27	28	29
30						

12 December

月	火	水	木	金	土	日
	1	2	3	4	5	6
7	8	9	10	11	12	13
14	15	16	17	18	19	20
21	22	23	24	25	26	27
28	29	30	31			

今年度の目標

_____

そのためには…

☐
....
☐
....
☐
....

【ワークライフ・マネジメント】

「仕事の充実」と「プライベートの充実」をマネジメントする考え方。
平日の時間の使い方を記入し、定期的に見返しましょう。
＜記入の順番＞
①睡眠時間／②夕食の時間／③帰宅時刻／④退勤時刻／⑤出勤時刻／⑥朝、家を出る時刻／⑦朝食の時間／⑧起床時刻
⑨グラフが書けたら、学年・同僚の先生と共有（通勤時間や育児・介護の有無なども、お互いに知っておくと安心です）

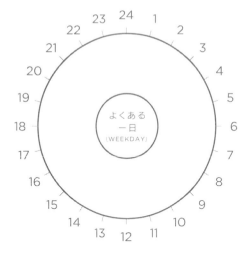
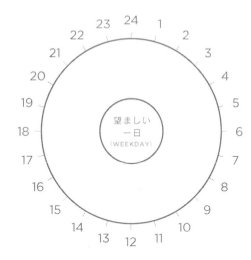

時間ができたらしたいこと・やってみたいこと

☐   ☐
....
☐   ☐
....
☐   ☐
....
☐   ☐
....
☐   ☐
....

Prologue

はじめに

これは、先生のためのノートです。

一日中、教室から教室へ
体育館へ、会議室へと駆け回り
気づいたら夕方になっている
そんな先生のためのノートです。

一日、一週間、一カ月のプランニングはもちろん
日々のかんたんな日誌として
プリント・資料のスクラップノートとして
あなただけの使い方を見つけてください。

忙しい学校生活が変わる
先生のためのスケジュール管理＆記録ノート

スクール プランニング ノート® の使い方

**小学校
教師向け**

「スクールプランニングノート」は、学校でのスケジュール管理が1冊でできる
「秘書」のようなノートです。学校や勤務の状況に合わせて
書いたり貼ったり自由にお使いください。

年間計画表（Annual Plan）

年間計画表は、学校で配られるものをこのページまたは「ペタペタボード」（巻頭の色紙）に貼ると便利です。
詳しくは巻頭の「ペタペタボードの使い方」を参照してください。

月間計画表（Monthly Plan）

学年、分掌、学級…など「複数の仕事の進行予定」を見える化

月間計画表は、ビジネス界でよく使われているプロジェクト式を採用。複数の仕事の進行を管理するとともに
行事などに向けた見通しが立てられるようになります。

①今月の目標
学校または個人などの
目標を書くスペース

③仕事の区分
会議／学年／分掌／学級の
仕事をタテに並行して管理

右の4列はフリーに
目を入れられます
ではクラブ活動に使
ています）

②行事欄
学校で配られる
年間行事表を貼
ると便利です

④主な予定
それぞれの区分で
ンとなる行事や締
などを記入

このように矢印を
ことで期間が「見
化」できます

⑤To Do リ
その月にやるべき
をリストアップ

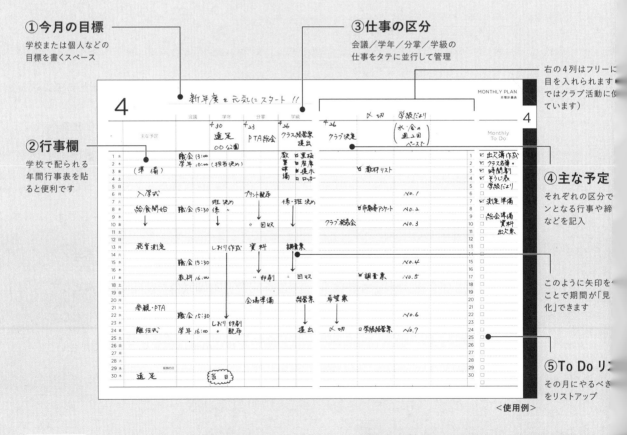

<使用例>

★学事出版のホームページからフォームをダウンロードできます。
（日付や項目を自由に設定できます）
https://www.gakuji.co.jp/spnote_monthly_form/

フリーノート（Free Note）

週間計画表の前にある見開き2ページのフリーノートには、
学校で配られる予定表やその月に必要な資料を貼ることができます

さまざまな場面でのチェックや覚え書きに。

最大45名まで記入可能。
下は集計欄にもなります

1行ごとにアミ入り。記入
ミスを防ぎます

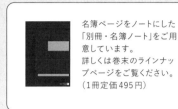

名簿ページをノートにした
「別冊・名簿ノート」をご用
意しています。
詳しくは巻末のラインナッ
プページをご覧ください。
（1冊定価495円）

<使用例>提出物／係活動／当番／面談の記録／進路希望etc…

★学事出版のホームページからフォームをダウンロードできます。
https://www.gakuji.co.jp/schoolplanningnote/

見開き1週間の「時間割」と、簡単な「日誌」が合体

左ページは、学校の基本単位である「時間割」をベースに、授業以外の時間（休み時間など）の欄も設置。
右ページは、「子どもの活躍」や「気になったこと」など、簡単な日誌として使えます。

①今週の目標
学校または個人などの目
標を書くスペース

⑤便利な土日欄
土曜は時間割形式、日曜はフリー形式

改良 右ページのメモ欄の点線を
スッキリし、見やすさUP！

⑥ライフレコード
自分自身の就寝・起
床時刻や出退勤時刻
または食事などを記録
できます

**②主な予定
朝の予定**
その日の行事や
締切など。短縮
日課の日には
チェックを

③スケジュール
時間割ベースの
予定表。中休み
や放課後の予定
も記入できます

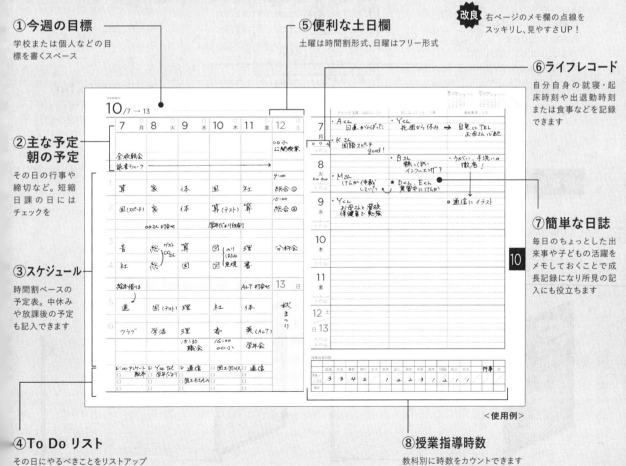

<使用例>

⑦簡単な日誌
毎日のちょっとした出
来事や子どもの活躍を
メモしておくことで成
長記録になり所見の記
入にも役立ちます

④To Do リスト
その日にやるべきことをリストアップ

⑧授業指導時数
教科別に時数をカウントできます

職員会議や面談などの記録はおまかせ

教師の仕事のさまざまな場面で使える、「記録専用」ノートです。
朝礼の連絡、職員会議、研修さらには学活や授業案など、アイデア次第で用途は無限です。

学活の記録の例

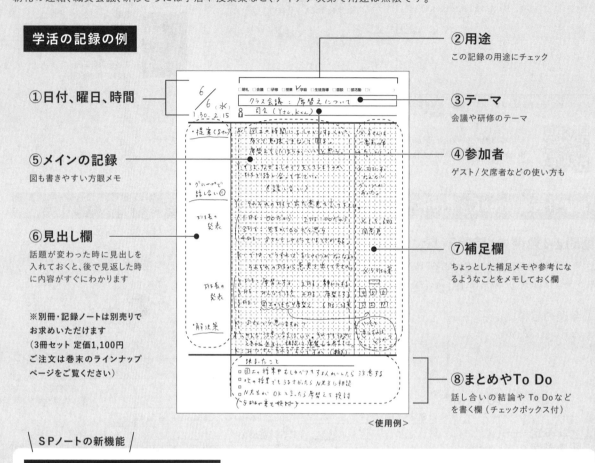

①日付、曜日、時間

②用途
この記録の用途にチェック

③テーマ
会議や研修のテーマ

④参加者
ゲスト／欠席者などの使い方も

⑤メインの記録
図も書きやすい方眼メモ

⑥見出し欄
話題が変わった時に見出しを入れておくと、後で見返した時に内容がすぐにわかります

※別冊・記録ノートは別売りでお求めいただけます
（3冊セット 定価1,100円
ご注文は巻末のラインナップページをご覧ください）

⑦補足欄
ちょっとした補足メモや参考になるようなことをメモしておく欄

⑧まとめやTo Do
話し合いの結論やTo Doなどを書く欄（チェックボックス付）

＜使用例＞

SPノートの新機能

広がるペタペタボードの使用例

[ToDoボードとして]
やるべき仕事を1つずつ付箋に書き出して貼っておきます。本冊を見ながら、どの時間にその仕事をするかを決めて、付箋を移して使います。

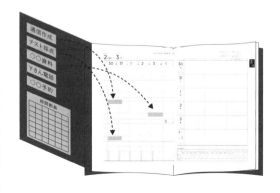

[月間→週間の計画に]
月の予定表を貼っておきます。週の計画を立てるときにページを行ったり来たりせずに参照できます。
★月間計画表のダウンロード（前頁参照）もご活用ください。

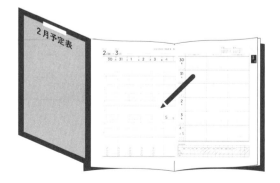

「スクールプランニングノート」を120％活用するために、以下の注意をよくお読みの上、適正にご活用ください。

1 このノートの位置づけ

- このノートは、職務上必要な個人情報を含む「教育指導記録簿」にあたるものです。
- 記入にあたっては、「利用目的」を明確にし、収集から利用まで計画的に行う必要があります。
- 個人情報の保護に関する法律又は、各地方公共団体が定める個人情報保護に関する法律施行条例により、開示請求の対象になる場合があります。

2 使用上の注意

- ノートの使用にあたっては各教育委員会または学校で定められた文書情報取扱規程に従い適切に管理してください。
- 保管しておく場所を決めておき、机の上などに置きっぱなしにしないようにしましょう。
- 成績や健康状態、学籍や就学援助関係など特に取り扱いに注意を要する個人情報を記入するときは、他人に一目で分からないよう暗号化するなどの工夫をしましょう。
- 「利用目的」の達成に必要な範囲を超えて個人情報を保有しないようにしましょう。

3 使用済みのノートについて

- ノートを見返す必要がなくなったときは、速やかな廃棄を心がけましょう。
- 廃棄する際は、シュレッダーを利用するなど適切な方法を用いてください。

4 紛失・盗難にあった場合

- ノート自体は教職員の個人所有物であっても、児童生徒等の個人情報は学校が所有しているものです。
- これらの個人情報を含む場合、盗難等による損失についても学校が責任を負う可能性が高いと考えられます。
- 万が一、紛失または盗難にあった場合は速やかに管理職に報告し、警察に届ける必要があります。

★「教育情報セキュリティポリシーに関するガイドライン」に沿って、それぞれの学校においてセキュリティポリシーを策定しましょう。

★個人情報の「保護」と「適正利用」のバランスに留意してノートをご活用ください。

ANNUAL PLAN 令和6年度（2024年—2025年）

2024

	3 MAR.	4 APR.	5 MAY	6 JUN.	7 JUL.	8 AUG.	9 SEP.	10 OC
1	金	月	水	土	月	木	日	火
2	土	火	木	日	火	金	月	水
3	日	水	金 ○	月	水	土	火	木
4	月	木	土 ○	火	木	日	水	金
5	火	金	日 ○	水	金	月	木	土
6	水	土	月 振替休日	木	土	火	金	日
7	木	日	火	金	日	水	土	月
8	金	月	水	土	月	木	日	火
9	土	火	木	日	火	金	月	水
10	日	水	金	月	水	土	火	木
11	月	木	土	火	木	日 ○	水	金
12	火	金	日	水	金	月 振替休日	木	土
13	水	土	月	木	土	火	金	日
14	木	日	火	金	日	水	土	月 ○
15	金	月	水	土	月 ○	木	日	火
16	土	火	木	日	火	金	月 ○	水
17	日	水	金	月	水	土	火	木
18	月	木	土	火	木	日	水	金
19	火	金	日	水	金	月	木	土
20	水 ○	土	月	木	土	火	金	日
21	木	日	火	金	日	水	土	月
22	金	月	水	土	月	木	日 ○	火
23	土	火	木	日	火	金	月 振替休日	水
24	日	水	金	月	水	土	火	木
25	月	木	土	火	木	日	水	金
26	火	金	日	水	金	月	木	土
27	水	土	月	木	土	火	金	日
28	木	日	火	金	日	水	土	月
29	金	月 ○	水	土	月	木	日	火
30	土	火	木	日	火	金	月	水
31	日		金		水	土		木

○国民の祝日（2024年）　昭和の日…4月29日　憲法記念日…5月3日　みどりの日…5月4日　こどもの日…5月5日　海の日…7月15日　山の日…8月11日　敬老の日…9月16日　秋分の日…9月22日

2025

	11 NOV.	12 DEC.	1 JAN.	2 FEB.	3 MAR.	4 APR.	5 MAY	6 JUN.
1		日	水 ○	土	土	火	木	日
2		月	木	日	日	水	金	月
3		火	金	月	月	木	土 ○	火
4	替休日	水	土	火	火	金	日 ○	水
5		木	日	水	水	土	月 ○	木
6		金	月	木	木	日	火 振替休日	金
7		土	火	金	金	月	水	土
8		日	水	土	土	火	木	日
9		月	木	日	日	水	金	月
10		火	金	月	月	木	土	火
11		水	土	火 ○	火	金	日	水
12		木	日	水	水	土	月	木
13		金	月 ○	木	木	日	火	金
14		土	火	金	金	月	水	土
15		日	水	土	土	火	木	日
16		月	木	日	日	水	金	月
17		火	金	月	月	木	土	火
18		水	土	火	火	金	日	水
19		木	日	水	水	土	月	木
20		金	月	木	木 ○	日	火	金
21		土	火	金	金	月	水	土
22		日	水	土	土	火	木	日
23		月	木	日 ○	日	水	金	月
24		火	金	月 振替休日	月	木	土	火
25		水	土	火	火	金	日	水
26		木	日	水	水	土	月	木
27		金	月	木	木	日	火	金
28		土	火	金	金	月	水	土
29		日	水		土	火 ○	木	日
30		月	木		日	水	金	月
31		火	金		月		土	

12

2023
令和5年

December

月	火	水	木	金	土	日
				1 仏滅	2 大安	3 赤口
4 先勝	5 友引	6 先負	7 仏滅	8 大安	9 赤口	10 先負
11 友引	12 先負	13 大安	14 赤口	15 先勝	16 友引	17 先負
18 仏滅	19 大安	20 赤口	21 先勝	22 友引	23 先負	24 仏滅
25 大安 クリスマス	26 赤口	27 先勝	28 友引	29 先負	30 仏滅	31 大安

1

月	火	水	木	金	土	日
1 赤口 元日	2 先勝	3 友引	4 先負	5 仏滅	6 大安	7 赤口
8 先勝 成人の日	9 友引	10 先負	11 赤口	12 先勝	13 友引	14 先負
15 仏滅	16 大安	17 赤口	18 先勝	19 友引	20 先負	21 仏滅
22 大安	23 赤口	24 先勝	25 友引	26 先負	27 仏滅	28 大安
29 赤口	30 先勝	31 友引				

2

2024
令和6年
February

月	火	水	木	金	土	日
			1 先負	2 仏滅	3 大安	4 赤口
5 先勝	6 友引	7 先負	8 仏滅	9 大安	10 先勝	11 友引 建国記念の
12 先負 振替休日	13 仏滅	14 大安 バレンタインデー	15 赤口	16 先勝	17 友引	18 先
19 仏滅	20 大安	21 赤口	22 先勝	23 友引 天皇誕生日	24 先負	25 仏
26 大安	27 赤口	28 先勝	29 友引			

3

2024
令和6年

March

月	火	水	木	金	土	日
			1 先負	2 仏滅	3 大安	
4 赤口	5 先勝	6 友引	7 先負	8 仏滅	9 大安	10 友引
11 先負	12 仏滅	13 大安	14 赤口 ホワイトデー	15 先勝	16 友引	17 先負
18 仏滅	19 大安	20 赤口 春分の日	21 先勝	22 友引	23 先負	24 仏滅
25 大安	26 赤口	27 先勝	28 友引	29 先負	30 仏滅	31 大安

4

月	火	水	木	金	土	日
1 <div align=right>赤口</div>	2 <div align=right>先勝</div>	3 <div align=right>友引</div>	4 <div align=right>先負</div>	5 <div align=right>仏滅</div>	6 <div align=right>大安</div>	7 <div align=right>赤口</div>
8 <div align=right>先勝</div>	9 <div align=right>先負</div>	10 <div align=right>仏滅</div>	11 <div align=right>大安</div>	12 <div align=right>赤口</div>	13 <div align=right>先勝</div>	14 <div align=right>友引</div>
15 <div align=right>先負</div>	16 <div align=right>仏滅</div>	17 <div align=right>大安</div>	18 <div align=right>赤口</div>	19 <div align=right>先勝</div>	20 <div align=right>友引</div>	21 <div align=right>先負</div>
22 <div align=right>仏滅</div>	23 <div align=right>大安</div>	24 <div align=right>赤口</div>	25 <div align=right>先勝</div>	26 <div align=right>友引</div>	27 <div align=right>先負</div>	28 <div align=right>仏滅</div>
29 <div align=right>大安 昭和の日</div>	30 <div align=right>赤口</div>					

5

月	火	水	木	金	土	日
		1 先勝	2 友引	3 先負 憲法記念日	4 仏滅 みどりの日	5 大安 こどもの日
6 赤口 振替休日	7 先勝	8 仏滅	9 大安	10 赤口	11 先勝	12 友引 母の日
3 先負	14 仏滅	15 大安	16 赤口	17 先勝	18 友引	19 先負
0 仏滅	21 大安	22 赤口	23 先勝	24 友引	25 先負	26 仏滅
7 大安	28 赤口	29 先勝	30 友引	31 先負		

6

月	火	水	木	金	土	日
					1 仏滅	2 大安
3 赤口	4 先勝	5 友引	6 大安	7 赤口	8 先勝	9 友引
10 先負	11 仏滅	12 大安	13 赤口	14 先勝	15 友引	16 先勝 父の日
17 仏滅	18 大安	19 赤口	20 先勝	21 友引	22 先負	23 仏滅
24 大安	25 赤口	26 先勝	27 友引	28 先負	29 仏滅	30

7

2024
令和6年

July

月	火	水	木	金	土	日
1 赤口	2 先勝	3 友引	4 先負	5 仏滅	6 赤口	7 先勝 七夕
8 友引	9 先負	10 仏滅	11 大安	12 赤口	13 先勝	14 友引
15 先負 海の日	16 仏滅	17 大安	18 赤口	19 先勝	20 友引	21 先負
22 仏滅	23 大安	24 赤口	25 先勝	26 友引	27 先負	28 仏滅
29 大安	30 赤口	31 先勝				

8

令和6年

August

月	火	水	木	金	土	日
			1 友引	2 先負	3 仏滅	4 先勝
5 友引	6 先負	7 仏滅	8 大安	9 赤口	10 先勝	11 友引 山の日
12 先負 振替休日	13 仏滅	14 大安	15 赤口	16 先勝	17 友引	18 先負
19 仏滅	20 大安	21 赤口	22 先勝	23 友引	24 先負	25 仏滅
26 大安	27 赤口	28 先勝	29 友引	30 先負	31 仏滅	

9

2024
令和6年
September

月	火	水	木	金	土	日
						1 　大安
2 　赤口	3 　友引	4 　先負	5 　仏滅	6 　大安	7 　赤口	8 　先勝
9 　友引	10 　先負	11 　仏滅	12 　大安	13 　赤口	14 　先勝	15 　友引
16 　先負 敬老の日	17 　仏滅	18 　大安	19 　赤口	20 　先勝	21 　友引	22 　先負 秋分の日
23 　仏滅 振替休日	24 　大安	25 　赤口	26 　先勝	27 　友引	28 　先負	29 　仏滅
30 　大安						

10

2024
令和6年
October

月	火	水	木	金	土	日
	1 赤口	2 先勝	3 先負	4 仏滅	5 大安	6 赤口
7 先勝	8 友引	9 先負	10 仏滅	11 大安	12 赤口	13 先負
14 友引 スポーツの日	15 先負	16 仏滅	17 大安	18 赤口	19 先勝	20 友引
21 先負	22 仏滅	23 大安	24 赤口	25 先勝	26 友引	27 先負
28 仏滅	29 大安	30 赤口	31 先勝 ハロウィン			

11

2024
令和6年
November

月	火	水	木	金	土	日
				1 仏滅	2 大安	3 赤口 文化の日
4 先勝 振替休日	5 友引	6 先負	7 仏滅	8 大安	9 赤口	10 先勝
1 友引	12 先負	13 仏滅	14 大安	15 赤口 七五三	16 先勝	17 友引
8 先負	19 仏滅	20 大安	21 赤口	22 先勝	23 友引 勤労感謝の日	24 先負
5 仏滅	26 大安	27 赤口	28 先勝	29 友引	30 先負	

12

2024
令和6年
December

月	火	水	木	金	土	日
						1 大安
2 赤口	3 先勝	4 友引	5 先負	6 仏滅	7 大安	8 赤口
9 先勝	10 友引	11 先負	12 仏滅	13 大安	14 赤口	15 先勝
16 友引	17 先負	18 仏滅	19 大安	20 赤口	21 先勝	22 友引
23 先負	24 仏滅	25 大安 クリスマス	26 赤口	27 先勝	28 友引	29 先負
30 仏滅	31 赤口 大晦日					

1

2025
令和7年
January

月	火	水	木	金	土	日
		1 先勝 元日	2 友引	3 先負	4 仏滅	5 大安
6 赤口	7 先勝	8 友引	9 先負	10 仏滅	11 大安	12 赤口
13 先勝 成人の日	14 友引	15 先負	16 仏滅	17 大安	18 赤口	19 先勝
20 友引	21 先負	22 仏滅	23 大安	24 赤口	25 先勝	26 友引
27 先負	28 仏滅	29 先勝	30 友引	31 先負		

2

月	火	水	木	金	土	日
				1 仏滅		2 大安
3 赤口	4 先勝	5 友引	6 先負	7 仏滅	8 大安	9 赤口
10 先勝	11 友引 建国記念の日	12 先負	13 仏滅	14 大安 バレンタインデー	15 赤口	16 先
17 友引	18 先負	19 仏滅	20 大安	21 赤口	22 先勝	23 友 天皇誕生
24 先負 振替休日	25 仏滅	26 大安	27 赤口	28 友引		

3

2025
令和7年

March

月	火	水	木	金	土	日
				1 先負	2 仏滅	
3 大安	4 赤口	5 先勝	6 友引	7 先負	8 仏滅	9 大安
0 赤口	11 先勝	12 友引	13 先負	14 仏滅 ホワイトデー	15 大安	16 赤口
7 先勝	18 友引	19 先負	20 仏滅 春分の日	21 大安	22 赤口	23 先勝
4 友引	25 先負	26 仏滅	27 大安	28 赤口	29 先負	30 仏滅
1 大安						

4

2024
令和6年

April

	主な予定	会議	学年 /	分掌 /	学級 /
1 月					
2 火					
3 水					
4 木					
5 金					
6 土					
7 日					
8 月					
9 火					
10 水					
11 木					
12 金					
13 土					
14 日					
15 月					
16 火					
17 水					
18 木					
19 金					
20 土					
21 日					
22 月					
23 火					
24 水					
25 木					
26 金					
27 土					
28 日					
29 月	昭和の日				
30 火					

4

Monthly
To Do

					1	☐
					2	☐
					3	☐
					4	☐
					5	☐
					6	☐
					7	☐
					8	☐
					9	☐
					10	☐
					11	☐
					12	☐
					13	☐
					14	☐
					15	☐
					16	☐
					17	☐
					18	☐
					19	☐
					20	☐
					21	☐
					22	☐
					23	☐
					24	☐
					25	☐
					26	☐
					27	☐
					28	☐
					29	☐
					30	☐
						☐

5

2024
令和6年

May

主な予定		会議	学年 /	分掌 /	学級 /
1	水				
2	木				
3	金	憲法記念日			
4	土	みどりの日			
5	日	こどもの日			
6	月	振替休日			
7	火				
8	水				
9	木				
10	金				
11	土				
12	日	母の日			
13	月				
14	火				
15	水				
16	木				
17	金				
18	土				
19	日				
20	月				
21	火				
22	水				
23	木				
24	金				
25	土				
26	日				
27	月				
28	火				
29	水				
30	木				
31	金				

Monthly
To Do

5

					1	☐
					2	☐
					3	☐
					4	☐
					5	☐
					6	☐
					7	☐
					8	☐
					9	☐
					10	☐
					11	☐
					12	☐
					13	☐
					14	☐
					15	☐
					16	☐
					17	☐
					18	☐
					19	☐
					20	☐
					21	☐
					22	☐
					23	☐
					24	☐
					25	☐
					26	☐
					27	☐
					28	☐
					29	☐
					30	☐
					31	☐

6

2024
令和6年

June

主な予定	会議	学年 /	分掌 /	学級 /
1　土				
2　日				
3　月				
4　火				
5　水				
6　木				
7　金				
8　土				
9　日				
10　月				
11　火				
12　水				
13　木				
14　金				
15　土				
16　日	父の日			
17　月				
18　火				
19　水				
20　木				
21　金				
22　土				
23　日				
24　月				
25　火				
26　水				
27　木				
28　金				
29　土				
30　日				

Monthly
To Do

6

				1	☐
2	☐
3	☐
4	☐
5	☐
6	☐
7	☐
8	☐
9	☐
10	☐
11	☐
12	☐
13	☐
14	☐
15	☐
16	☐
17	☐
18	☐
19	☐
20	☐
21	☐
22	☐
23	☐
24	☐
25	☐
26	☐
27	☐
28	☐
29	☐
30	☐
	☐

7

2024
令和6年

July

	主な予定	会議	学年 /	分掌 /	学級 /
1 月					
2 火					
3 水					
4 木					
5 金					
6 土					
7 日	七夕				
8 月					
9 火					
10 水					
11 木					
12 金					
13 土					
14 日					
15 月	海の日				
16 火					
17 水					
18 木					
19 金					
20 土					
21 日					
22 月					
23 火					
24 水					
25 木					
26 金					
27 土					
28 日					
29 月					
30 火					
31 水					

Monthly
To Do

7

				1	☐
				2	☐
				3	☐
				4	☐
				5	☐
				6	☐
				7	☐
				8	☐
				9	☐
				10	☐
				11	☐
				12	☐
				13	☐
				14	☐
				15	☐
				16	☐
				17	☐
				18	☐
				19	☐
				20	☐
				21	☐
				22	☐
				23	☐
				24	☐
				25	☐
				26	☐
				27	☐
				28	☐
				29	☐
				30	☐
				31	☐

8

2024
令和6年

August

	主な予定	会議	学年	分掌	学級
			/	/	/
1 木					
2 金					
3 土					
4 日					
5 月					
6 火					
7 水					
8 木					
9 金					
10 土					
11 日	山の日				
12 月	振替休日				
13 火					
14 水					
15 木					
16 金					
17 土					
18 日					
19 月					
20 火					
21 水					
22 木					
23 金					
24 土					
25 日					
26 月					
27 火					
28 水					
29 木					
30 金					
31 土					

Monthly
To Do

				1	☐	
				2	☐	
				3	☐	
				4	☐	
				5	☐	
				6	☐	
				7	☐	
				8	☐	
				9	☐	
				10	☐	
				11	☐	
				12	☐	
				13	☐	
				14	☐	
				15	☐	
				16	☐	
				17	☐	
				18	☐	
				19	☐	
				20	☐	
				21	☐	
				22	☐	
				23	☐	
				24	☐	
				25	☐	
				26	☐	
				27	☐	
				28	☐	
				29	☐	
				30	☐	
				31	☐	

8

9

2024
令和6年

September

	主な予定	会議	学年 /	分掌 /	学級 /
1 日					
2 月					
3 火					
4 水					
5 木					
6 金					
7 土					
8 日					
9 月					
10 火					
11 水					
12 木					
13 金					
14 土					
15 日					
16 月	敬老の日				
17 火					
18 水					
19 木					
20 金					
21 土					
22 日	秋分の日				
23 月	振替休日				
24 火					
25 水					
26 木					
27 金					
28 土					
29 日					
30 月					

Monthly
To Do

				1	☐
				2	☐
				3	☐
				4	☐
				5	☐
				6	☐
				7	☐
				8	☐
				9	☐
				10	☐
				11	☐
				12	☐
				13	☐
				14	☐
				15	☐
				16	☐
				17	☐
				18	☐
				19	☐
				20	☐
				21	☐
				22	☐
				23	☐
				24	☐
				25	☐
				26	☐
				27	☐
				28	☐
				29	☐
				30	☐
					☐

9

10

2024
令和6年

October

主な予定	会議	学年 /	分掌 /	学級 /
1 火				
2 水				
3 木				
4 金				
5 土				
6 日				
7 月				
8 火				
9 水				
10 木				
11 金				
12 土				
13 日				
14 月 スポーツの日				
15 火				
16 水				
17 木				
18 金				
19 土				
20 日				
21 月				
22 火				
23 水				
24 木				
25 金				
26 土				
27 日				
28 月				
29 火				
30 水				
31 木 ハロウィン				

Monthly
To Do

				1	☐	
				2	☐	
				3	☐	
				4	☐	
				5	☐	
				6	☐	
				7	☐	
				8	☐	
				9	☐	
				10	☐	
				11	☐	
				12	☐	
				13	☐	
				14	☐	
				15	☐	
				16	☐	
				17	☐	
				18	☐	
				19	☐	
				20	☐	
				21	☐	
				22	☐	
				23	☐	
				24	☐	
				25	☐	
				26	☐	
				27	☐	
				28	☐	
				29	☐	
				30	☐	
				31	☐	

10

11

2024
令和6年

November

	主な予定	会議	学年 /	分掌 /	学級 /
1 金					
2 土					
3 日	文化の日				
4 月	振替休日				
5 火					
6 水					
7 木					
8 金					
9 土					
10 日					
11 月					
12 火					
13 水					
14 木					
15 金	七五三				
16 土					
17 日					
18 月					
19 火					
20 水					
21 木					
22 金					
23 土	勤労感謝の日				
24 日					
25 月					
26 火					
27 水					
28 木					
29 金					
30 土					

Monthly
To Do

				1	☐
				2	☐
				3	☐
				4	☐
				5	☐
				6	☐
				7	☐
				8	☐
				9	☐
				10	☐
				11	☐
				12	☐
				13	☐
				14	☐
				15	☐
				16	☐
				17	☐
				18	☐
				19	☐
				20	☐
				21	☐
				22	☐
				23	☐
				24	☐
				25	☐
				26	☐
				27	☐
				28	☐
				29	☐
				30	☐
					☐

11

12

2024
令和6年
December

主な予定	会議	学年 /	分掌 /	学級 /
1 日				
2 月				
3 火				
4 水				
5 木				
6 金				
7 土				
8 日				
9 月				
10 火				
11 水				
12 木				
13 金				
14 土				
15 日				
16 月				
17 火				
18 水				
19 木				
20 金				
21 土				
22 日				
23 月				
24 火				
25 水	クリスマス			
26 木				
27 金				
28 土				
29 日				
30 月				
31 火	大晦日			

Monthly
To Do

				1	☐
				2	☐
				3	☐
				4	☐
				5	☐
				6	☐
				7	☐
				8	☐
				9	☐
				10	☐
				11	☐
				12	☐
				13	☐
				14	☐
				15	☐
				16	☐
				17	☐
				18	☐
				19	☐
				20	☐
				21	☐
				22	☐
				23	☐
				24	☐
				25	☐
				26	☐
				27	☐
				28	☐
				29	☐
				30	☐
				31	☐

12

1

2025
令和7年

January

	主な予定		会議	学年 /	分掌 /	学級 /
1	水	元日				
2	木					
3	金					
4	土					
5	日					
6	月					
7	火					
8	水					
9	木					
10	金					
11	土					
12	日					
13	月	成人の日				
14	火					
15	水					
16	木					
17	金					
18	土					
19	日					
20	月					
21	火					
22	水					
23	木					
24	金					
25	土					
26	日					
27	月					
28	火					
29	水					
30	木					
31	金					

Monthly
To Do

	1	☐
	2	☐
	3	☐
	4	☐
	5	☐
	6	☐
	7	☐
	8	☐
	9	☐
	10	☐
	11	☐
	12	☐
	13	☐
	14	☐
	15	☐
	16	☐
	17	☐
	18	☐
	19	☐
	20	☐
	21	☐
	22	☐
	23	☐
	24	☐
	25	☐
	26	☐
	27	☐
	28	☐
	29	☐
	30	☐
	31	☐

1

2

2025
令和7年

February

主な予定	会議	学年 /	分掌 /	学級 /
1　土				
2　日				
3　月				
4　火				
5　水				
6　木				
7　金				
8　土				
9　日				
10　月				
11　火　建国記念の日				
12　水				
13　木				
14　金　バレンタインデー				
15　土				
16　日				
17　月				
18　火				
19　水				
20　木				
21　金				
22　土				
23　日　天皇誕生日				
24　月　振替休日				
25　火				
26　水				
27　木				
28　金				

Monthly
To Do

				1	☐
				2	☐
				3	☐
				4	☐
				5	☐
				6	☐
				7	☐
				8	☐
				9	☐
				10	☐
				11	☐
				12	☐
				13	☐
				14	☐
				15	☐
				16	☐
				17	☐
				18	☐
				19	☐
				20	☐
				21	☐
				22	☐
				23	☐
				24	☐
				25	☐
				26	☐
				27	☐
				28	☐
					☐
					☐
					☐
					☐

2

3

2025
令和7年

March

	主な予定	会議	学年 /	分掌 /	学級 /
1 土					
2 日					
3 月					
4 火					
5 水					
6 木					
7 金					
8 土					
9 日					
10 月					
11 火					
12 水					
13 木					
14 金	ホワイトデー				
15 土					
16 日					
17 月					
18 火					
19 水					
20 木	春分の日				
21 金					
22 土					
23 日					
24 月					
25 火					
26 水					
27 木					
28 金					
29 土					
30 日					
31 月					

Monthly
To Do

				1	☐
				2	☐
				3	☐
				4	☐
				5	☐
				6	☐
				7	☐
				8	☐
				9	☐
				10	☐
				11	☐
				12	☐
				13	☐
				14	☐
				15	☐
				16	☐
				17	☐
				18	☐
				19	☐
				20	☐
				21	☐
				22	☐
				23	☐
				24	☐
				25	☐
				26	☐
				27	☐
				28	☐
				29	☐
				30	☐
				31	☐

3

4 /1 → 7

	1　□月	2　□火	3　□水	4　□木	5　□金	6　□土
☼						
1						
2						
3						
4						
						7
5						
6						
	□	□	□	□	□	
	□	□	□	□	□	
	□	□	□	□	□	
	□	□	□	□	□	

4 April						
月	火	水	木	金	土	日
1	2	3	4	5	6	7
8	9	10	11	12	13	14
15	16	17	18	19	20	21
22	23	24	25	26	27	28
29	30					

5 May						
月	火	水	木	金	土	日
		1	2	3	4	5
6	7	8	9	10	11	12
13	14	15	16	17	18	19
20	21	22	23	24	25	26
27	28	29	30	31		

4

	子どもの活躍・ほめたいこと	気になったこと・欠席	連絡事項・メモ
1 月			
2 火			
3 水			
4 木			
5 金			
6 土 / **7**			

指導時数

	国語	社会	算数	理科	生活	音楽	図工	家庭	体育	道徳	外国語	総合	学活			計
予定	/	/	/	/	/	/	/	/	/	/	/	/	/	/	/	/

4/8 → 14

8 □月	9 □火	10 □水	11 □木	12 □金	13 □土
☼					
1					
2					
3					
4					
					14
5					
6					
☐☐☐☐	☐☐☐☐	☐☐☐☐	☐☐☐☐	☐☐☐☐	

4 April
月 火 水 木 金 土 日
1 2 3 4 5 6 7
8 9 10 11 12 13 14
15 16 17 18 19 20 21
22 23 24 25 26 27 28
29 30

5 May
月 火 水 木 金 土 日
1 2 3 4 5
6 7 8 9 10 11 12
13 14 15 16 17 18 19
20 21 22 23 24 25 26
27 28 29 30 31

	子どもの活躍・ほめたいこと	気になったこと・欠席	連絡事項・メモ
8 月			
9 火			
10 水			
11 木			
12 金			
3 土 / **14**			

昔導時数

	国語	社会	算数	理科	生活	音楽	図工	家庭	体育	道徳	外国語	総合	学活			計
定	/	/	/	/	/	/	/	/	/	/	/	/	/	/	/	/

4/15 → 21

15 □月	16 □火	17 □水	18 □木	19 □金	20 □土
☼					
1					
2					
3					
4					21
5					
6					
□ □ □ □	□ □ □ □	□ □ □ □	□ □ □ □	□ □ □ □	

4 April
月 火 水 木 金 土 日
1 2 3 4 5 6 7
8 9 10 11 12 13 14
15 16 17 18 19 20 21
22 23 24 25 26 27 28
29 30

5 May
月 火 水 木 金 土 日
1 2 3 4 5
6 7 8 9 10 11 12
13 14 15 16 17 18 19
20 21 22 23 24 25 26
27 28 29 30 31

4

	子どもの活躍・ほめたいこと	気になったこと・欠席	連絡事項・メモ
15 月			
16 火			
17 水			
18 木			
19 金			
20 土 / **21**			

指導時数

	国語	社会	算数	理科	生活	音楽	図工	家庭	体育	道徳	外国語	総合	学活			計
定	/	/	/	/	/	/	/	/	/	/	/	/	/	/	/	/

4 /22 → 28

22 □月	23 □火	24 □水	25 □木	26 □金	27 □土
☼					
1					
2					
3					
4					28
5					
6					
□ □ □ □	□ □ □ □	□ □ □ □	□ □ □ □	□ □ □ □	

4	April							5	May						
月	火	水	木	金	土	日		月	火	水	木	金	土	日
1	2	3	4	5	6	7				1	2	3	4	5
8	9	10	11	12	13	14		6	7	8	9	10	11	12
15	16	17	18	19	20	21		13	14	15	16	17	18	19
22	23	24	25	26	27	28		20	21	22	23	24	25	26
29	30							27	28	29	30	31		

4

	子どもの活躍・ほめたいこと	気になったこと・欠席	連絡事項・メモ
22 月			
23 火			
24 水			
25 木			
26 金			
27 土 / **28**			

指導時数

	国語	社会	算数	理科	生活	音楽	図工	家庭	体育	道徳	外国語	総合	学活			計
	/	/	/	/	/	/	/	/	/	/	/	/	/	/	/	/

4/29 → 5/5

	29 月	30 火	1 水	2 木	3 金	4 土
	昭和の日				憲法記念日	みどりの
☼						
1						
2						
3						
4						
						5
						こども
5						
6						
	☐ ☐ ☐ ☐	☐ ☐ ☐ ☐	☐ ☐ ☐ ☐	☐ ☐ ☐ ☐	☐ ☐ ☐ ☐	

5 May	6 June
月 火 水 木 金 土 日	月 火 水 木 金 土 日
1　2　3　4　5	1　2
6　7　8　9　10　11　12	3　4　5　6　7　8　9
13　14　15　16　17　18　19	10　11　12　13　14　15　16
20　21　22　23　24　25　26	17　18　19　20　21　22　23
27　28　29　30　31	24　25　26　27　28　29　30

	子どもの活躍・ほめたいこと	気になったこと・欠席	連絡事項・メモ
29 月			
30 火			
1 水			
2 木			
3 金			
4 土 / **5**			

指導時数

	国語	社会	算数	理科	生活	音楽	図工	家庭	体育	道徳	外国語	総合	学活			計
	/	/	/	/	/	/	/	/	/	/	/	/	/	/	/	/

5/6 → 12

6 □月	7 □火	8 □水	9 □木	10 □金	11
振替休日					

☀

1

2

3

4

12

5

6

5 May						
月	火	水	木	金	土	日
			1	2	3	4
6	7	8	9	10	11	12
13	14	15	16	17	18	19
20	21	22	23	24	25	26
27	28	29	30	31		

6 June						
月	火	水	木	金	土	日
					1	2
3	4	5	6	7	8	9
10	11	12	13	14	15	16
17	18	19	20	21	22	23
24	25	26	27	28	29	30

5

	子どもの活躍・ほめたいこと	気になったこと・欠席	連絡事項・メモ
6 月			
7 火			
8 水			
9 木			
0 金			
1 土 / 12			

指導時数

	国語	社会	算数	理科	生活	音楽	図工	家庭	体育	道徳	外国語	総合	学活			計
予定	/	/	/	/	/	/	/	/	/	/	/	/	/	/	/	/

5 /13 → 19

13 □月	14 □火	15 □水	16 □木	17 □金	18 □土
☼					
1					
2					
3					
4					19
5					
6					
□ □ □ □	□ □ □ □	□ □ □ □	□ □ □ □	□ □ □ □	

5 May								6 June						
月	火	水	木	金	土	日		月	火	水	木	金	土	日
			1	2	3	4							1	2
6	7	8	9	10	11	12		3	4	5	6	7	8	9
13	14	15	16	17	18	19		10	11	12	13	14	15	16
20	21	22	23	24	25	26		17	18	19	20	21	22	23
27	28	29	30	31				24	25	26	27	28	29	30

	子どもの活躍・ほめたいこと	気になったこと・欠席	連絡事項・メモ
13 月			
14 火			
15 水			
16 木			
17 金			
18 土 / **19**			

5

指導時数

	国語	社会	算数	理科	生活	音楽	図工	家庭	体育	道徳	外国語	総合	学活			計
	/	/	/	/	/	/	/	/	/	/	/	/	/	/	/	/

5 /20 → 26

20 ☐ 月	21 ☐ 火	22 ☐ 水	23 ☐ 木	24 ☐ 金	25 ☐ 土
☀					
1					
2					
3					
4					
					26
5					
6					
☐☐☐☐	☐☐☐☐	☐☐☐☐	☐☐☐☐	☐☐☐☐	

5 May								6 June						
月	火	水	木	金	土	日		月	火	水	木	金	土	日
		1	2	3	4	5							1	2
6	7	8	9	10	11	12		3	4	5	6	7	8	9
13	14	15	16	17	18	19		10	11	12	13	14	15	16
20	21	22	23	24	25	26		17	18	19	20	21	22	23
27	28	29	30	31				24	25	26	27	28	29	30

子どもの活躍・ほめたいこと	気になったこと・欠席	連絡事項・メモ

5

20 月

21 火

22 水

23 木

24 金

5 / 26 土

指導時数

	国語	社会	算数	理科	生活	音楽	図工	家庭	体育	道徳	外国語	総合	学活			計
定	/	/	/	/	/	/	/	/	/	/	/	/	/	/	/	/

5/27 → 6/2

27 月	28 火	29 水	30 木	31 金	1 土
☼					
1					
2					
3					
4					
5					2
6					

☐ ☐ ☐ ☐ ☐
☐ ☐ ☐ ☐ ☐
☐ ☐ ☐ ☐ ☐
☐ ☐ ☐ ☐ ☐

5 May								6 June						
月	火	水	木	金	土	日		月	火	水	木	金	土	日
			1	2	3	4								1	2
6	7	8	9	10	11	12		3	4	5	6	7	8	9
13	14	15	16	17	18	19		10	11	12	13	14	15	16
20	21	22	23	24	25	26		17	18	19	20	21	22	23
27	28	29	30	31				24	25	26	27	28	29	30

5/6

子どもの活躍・ほめたいこと	気になったこと・欠席	連絡事項・メモ
27 月		
28 火		
29 水		
30 木		
31 金		
土 / 2		

指導時数

	国語	社会	算数	理科	生活	音楽	図工	家庭	体育	道徳	外国語	総合	学活			計
定	/	/	/	/	/	/	/	/	/	/	/	/	/	/	/	/

6 /3 → 9

3 □月	4 □火	5 □水	6 □木	7 □金	8 □土
☼					
1					
2					
3					
4					9 日
5					
6					
□ □ □ □	□ □ □ □	□ □ □ □	□ □ □ □	□ □ □ □	

6 June								7 July						
月	火	水	木	金	土	日		月	火	水	木	金	土	日
				1	2								1	2
3	4	5	6	7	8	9		3	4	5	6	7		
10	11	12	13	14	15	16		8	9	10	11	12	13	14
17	18	19	20	21	22	23		15	16	17	18	19	20	21
24	25	26	27	28	29	30		22	23	24	25	26	27	28
								29	30	31				

	子どもの活躍・ほめたいこと	気になったこと・欠席	連絡事項・メモ
3 月			
4 火			
5 水			
6 木			
7 金			
8 / **9** 土			

6

指導時数

	国語	社会	算数	理科	生活	音楽	図工	家庭	体育	道徳	外国語	総合	学活		計
定	/	/	/	/	/	/	/	/	/	/	/	/	/	/	/

6/10 → 16

	10 ☐月	11 ☐火	12 ☐水	13 ☐木	14 ☐金	15 ☐土
☼						
1						
2						
3						
4						
						16 日 父
5						
6						
	☐ ☐ ☐ ☐	☐ ☐ ☐ ☐	☐ ☐ ☐ ☐	☐ ☐ ☐ ☐	☐ ☐ ☐ ☐	

6	June							7	July					
月	火	水	木	金	土	日		月	火	水	木	金	土	日
				1	2								1	2
3	4	5	6	7	8	9		3	4	5	6	7	8	9
10	11	12	13	14	15	16		10	11	12	13	14	15	16
17	18	19	20	21	22	23		17	18	19	20	21	22	23
24	25	26	27	28	29	30		24	25	26	27	28		
								29	30	31				

6

	子どもの活躍・ほめたいこと	気になったこと・欠席	連絡事項・メモ
10 月			
11 火			
12 水			
13 木			
14 金			
15 土 / 16			

指導時数

	国語	社会	算数	理科	生活	音楽	図工	家庭	体育	道徳	外国語	総合	学活			計
定	/	/	/	/	/	/	/	/	/	/	/	/	/	/		/

6/17 → 23

17 ☐月	18 ☐火	19 ☐水	20 ☐木	21 ☐金	22 ☐土
☼					
1					
2					
3					
4					
					23
5					
6					
☐☐☐☐	☐☐☐☐	☐☐☐☐	☐☐☐☐	☐☐☐☐	

6	June							7	July					
月	火	水	木	金	土	日		月	火	水	木	金	土	日
					1	2		1	2	3	4	5	6	7
3	4	5	6	7	8	9		8	9	10	11	12	13	14
10	11	12	13	14	15	16		15	16	17	18	19	20	21
17	18	19	20	21	22	23		22	23	24	25	26	27	28
24	25	26	27	28	29	30		29	30	31				

6

	子どもの活躍・ほめたいこと	気になったこと・欠席	連絡事項・メモ

17 月

18 火

19 水

20 木

21 金

2/23 土

旨導時数

	国語	社会	算数	理科	生活	音楽	図工	家庭	体育	道徳	外国語	総合	学活			計
定																

June

2024（令和6年）　第13週 < 第

6/24 → 30

24 □月	25 □火	26 □水	27 □木	28 □金	29 □土
☼					
1					
2					
3					
4					
					30
5					
6					
□□□□	□□□□	□□□□	□□□□	□□□□	

6 June								7 July						
月	火	水	木	金	土	日		月	火	水	木	金	土	日
					1	2		1	2	3	4	5	6	7
3	4	5	6	7	8	9		8	9	10	11	12	13	14
10	11	12	13	14	15	16		15	16	17	18	19	20	21
17	18	19	20	21	22	23		22	23	24	25	26	27	28
24	25	26	27	28	29	30		29	30	31				

子どもの活躍・ほめたいこと	気になったこと・欠席	連絡事項・メモ
24 月		
25 火		
26 水		
27 木		
28 金		
9土 / **30**		

6

指導時数

	国語	社会	算数	理科	生活	音楽	図工	家庭	体育	道徳	外国語	総合	学活			計
予定																
計																

7/1 → 7

1 ☐ 月	2 ☐ 火	3 ☐ 水	4 ☐ 木	5 ☐ 金	6 ☐ 土
☼					
1					
2					
3					
4					
					7
5					
6					
☐☐☐☐	☐☐☐☐	☐☐☐☐	☐☐☐☐	☐☐☐☐	

7 July								8 August						
月	火	水	木	金	土	日		月	火	水	木	金	土	日
1	2	3	4	5	6	7					1	2	3	4
8	9	10	11	12	13	14		5	6	7	8	9	10	11
15	16	17	18	19	20	21		12	13	14	15	16	17	18
22	23	24	25	26	27	28		19	20	21	22	23	24	25
29	30	31						26	27	28	29	30	31	

子どもの活躍・ほめたいこと	気になったこと・欠席	連絡事項・メモ
1 月		
2 火		
3 水		
4 木		
5 金		
6 土 / **7**		

7

指導時数

	国語	社会	算数	理科	生活	音楽	図工	家庭	体育	道徳	外国語	総合	学活			計
定	/	/	/	/	/	/	/	/	/	/	/	/	/	/	/	/
計																

7/8 → 14

8 □月	9 □火	10 □水	11 □木	12 □金	13 □土
☀					
1					
2					
3					
4					
					14
5					
6					
□□□□	□□□□	□□□□	□□□	□□□□	

7 July

月	火	水	木	金	土	日
1	2	3	4	5	6	7
8	9	10	11	12	13	14
15	16	17	18	19	20	21
22	23	24	25	26	27	28
29	30	31				

8 August

月	火	水	木	金	土	日
				1	2	3	4
5	6	7	8	9	10	11
12	13	14	15	16	17	18
19	20	21	22	23	24	25
26	27	28	29	30	31	

	子どもの活躍・ほめたいこと	気になったこと・欠席	連絡事項・メモ
8 月			
9 火			
10 水			
11 木			
12 金			
3 土 / **14**			

7

指導時数

	国語	社会	算数	理科	生活	音楽	図工	家庭	体育	道徳	外国語	総合	学活			計
定	/	/	/	/	/	/	/	/	/	/	/	/	/	/	/	/

7/15 → 21

15 ☐月	16 ☐火	17 ☐水	18 ☐木	19 ☐金	20 ☐土
海の日					

☀

1

2

3

4

21

5

6

☐
☐
☐
☐

7 July								8 August						
月	火	水	木	金	土	日		月	火	水	木	金	土	日
1	2	3	4	5	6	7					1	2	3	4
8	9	10	11	12	13	14		5	6	7	8	9	10	11
15	16	17	18	19	20	21		12	13	14	15	16	17	18
22	23	24	25	26	27	28		19	20	21	22	23	24	25
29	30	31						26	27	28	29	30	31	

	子どもの活躍・ほめたいこと	気になったこと・欠席	連絡事項・メモ
15 月			
16 火			
17 水			
18 木			
19 金			
20土 / 21			

7

指導時数

	国語	社会	算数	理科	生活	音楽	図工	家庭	体育	道徳	外国語	総合	学活			計
予定	/	/	/	/	/	/	/	/	/	/	/	/	/	/	/	/
計																

July

7/22 → 28

22 月	23 火	24 水	25 木	26 金	27 土
☼					
1					
2					
3					
4					28 日
5					
6					

7	July							8	August						
月	火	水	木	金	土	日		月	火	水	木	金	土	日
1	2	3	4	5	6	7					1	2	3	4
8	9	10	11	12	13	14		5	6	7	8	9	10	11
15	16	17	18	19	20	21		12	13	14	15	16	17	18
22	23	24	25	26	27	28		19	20	21	22	23	24	25
29	30	31						26	27	28	29	30	31	

	子どもの活躍・ほめたいこと	気になったこと・欠席	連絡事項・メモ
22 月			
23 火			
24 水			
25 木			
26 金			
7 土 / **28**			

7

指導時数

	国語	社会	算数	理科	生活	音楽	図工	家庭	体育	道徳	外国語	総合	学活			計
定	/	/	/	/	/	/	/	/	/	/	/	/	/	/	/	/

7/29 → 8/4

29 月	30 火	31 水	1 木	2 金	3 土
☀					
1					
2					
3					
4					
					4
5					
6					
☐	☐	☐	☐	☐	
☐	☐	☐	☐	☐	
☐	☐	☐	☐	☐	
☐	☐	☐	☐	☐	

7 July								8 August						
月	火	水	木	金	土	日		月	火	水	木	金	土	日
1	2	3	4	5	6	7					1	2	3	4
8	9	10	11	12	13	14		5	6	7	8	9	10	11
15	16	17	18	19	20	21		12	13	14	15	16	17	18
22	23	24	25	26	27	28		19	20	21	22	23	24	25
29	30	31						26	27	28	29	30	31	

	子どもの活躍・ほめたいこと	気になったこと・欠席	連絡事項・メモ
29 月			
30 火			
31 水			
1 木			
2 金			
3 土 / **4**			

7 / 8

指導時数

	国語	社会	算数	理科	生活	音楽	図工	家庭	体育	道徳	外国語	総合	学活			計
予定	/	/	/	/	/	/	/	/	/	/	/	/	/	/		/

August

8/5 → 11

	5 □月	6 □火	7 □水	8 □木	9 □金	10
☀						
1						
2						
3						
4						
						11
5						
6						
	□□□□	□□□□	□□□□	□□□	□□□	

8 August								9 September						
月	火	水	木	金	土	日		月	火	水	木	金	土	日
			1	2	3	4								1
5	6	7	8	9	10	11		2	3	4	5	6	7	8
12	13	14	15	16	17	18		9	10	11	12	13	14	15
19	20	21	22	23	24	25		16	17	18	19	20	21	22
26	27	28	29	30	31			23	24	25	26	27	28	29
30														

	子どもの活躍・ほめたいこと	気になったこと・欠席	連絡事項・メモ
5 月			
6 火			
7 水			
8 木			
9 金			
10 土 / **11**			

8

指導時数

	国語	社会	算数	理科	生活	音楽	図工	家庭	体育	道徳	外国語	総合	学活			計
予定	/	/	/	/	/	/	/	/	/	/	/	/	/	/	/	/
計																

August

8/12 → 18

12 ☐月	13 ☐火	14 ☐水	15 ☐木	16 ☐金	17 ☐土
振替休日					

☀

1

2

3

4

18

5

6

☐
☐
☐
☐

8 August								9 September						
月	火	水	木	金	土	日		月	火	水	木	金	土	日
				1	2	3	4							1
5	6	7	8	9	10	11		2	3	4	5	6	7	8
12	13	14	15	16	17	18		9	10	11	12	13	14	15
19	20	21	22	23	24	25		16	17	18	19	20	21	22
26	27	28	29	30	31			23	24	25	26	27	28	29
								30						

子どもの活躍・ほめたいこと	気になったこと・欠席	連絡事項・メモ

12 月

13 火

14 水

15 木

16 金

7 土 / **18**

8

指導時数

	国語	社会	算数	理科	生活	音楽	図工	家庭	体育	道徳	外国語	総合	学活			計
	/	/	/	/	/	/	/	/	/	/	/	/	/	/	/	/

8/19 → 25

19 □月	20 □火	21 □水	22 □木	23 □金	24 □土
☼					
1					
2					
3					
4					
					25
5					
6					
□ □ □ □	□ □ □ □	□ □ □ □	□ □ □ □	□ □ □ □	

8 August								9 September						
月	火	水	木	金	土	日		月	火	水	木	金	土	日
			1	2	3	4								1
5	6	7	8	9	10	11		2	3	4	5	6	7	8
12	13	14	15	16	17	18		9	10	11	12	13	14	15
19	20	21	22	23	24	25		16	17	18	19	20	21	22
26	27	28	29	30	31			23	24	25	26	27	28	29
								30						

子どもの活躍・ほめたいこと	気になったこと・欠席	連絡事項・メモ

19 月

20 火

21 水

22 木

23 金

4／25 土

8

指導時数

	国語	社会	算数	理科	生活	音楽	図工	家庭	体育	道徳	外国語	総合	学活			計
定	/	/	/	/	/	/	/	/	/	/	/	/	/	/		/

8/26 → 9/1

26 月	27 火	28 水	29 木	30 金	31 土
☀					
1					
2					
3					
4					1
5					
6					
☐☐☐☐	☐☐☐☐	☐☐☐☐	☐☐☐	☐☐☐	

8 August						
月	火	水	木	金	土	日
				1	2	3	4
5	6	7	8	9	10	11
12	13	14	15	16	17	18
19	20	21	22	23	24	25
26	27	28	29	30	31	

9 September						
月	火	水	木	金	土	日
						1
2	3	4	5	6	7	8
9	10	11	12	13	14	15
16	17	18	19	20	21	22
23	24	25	26	27	28	29
30						

	子どもの活躍・ほめたいこと	気になったこと・欠席	連絡事項・メモ
26 月			
27 火			
28 水			
29 木			
30 金			
31 土 / **1**			

8/9

指導時数

	国語	社会	算数	理科	生活	音楽	図工	家庭	体育	道徳	外国語	総合	学活			計
定	/	/	/	/	/	/	/	/	/	/	/	/	/	/		/
計																

9

9 /2 → 8

2 □月	3 □火	4 □水	5 □木	6 □金	7 □土
☼					
1					
2					
3					
4					
5					8 日
6					
☐☐☐☐	☐☐☐☐	☐☐☐☐	☐☐☐☐	☐☐☐☐	

9 September

月	火	水	木	金	土	日
						1
2	3	4	5	6	7	8
9	10	11	12	13	14	15
16	17	18	19	20	21	22
23	24	25	26	27	28	29
30						

10 October

月	火	水	木	金	土	日
	1	2	3	4	5	6
7	8	9	10	11	12	13
14	15	16	17	18	19	20
21	22	23	24	25	26	27
28	29	30	31			

	子どもの活躍・ほめたいこと	気になったこと・欠席	連絡事項・メモ
2 月			
3 火			
4 水			
5 木			
6 金			
7 土 / **8**			

9

指導時数

	国語	社会	算数	理科	生活	音楽	図工	家庭	体育	道徳	外国語	総合	学活			計
定	/	/	/	/	/	/	/	/	/	/	/	/	/	/	/	/

9 /9 → 15

9 ☐月	10 ☐火	11 ☐水	12 ☐木	13 ☐金	14 ☐土

☀

1

2

3

4

| | | | | | 15 |

5

6

☐
☐
☐
☐

9 September								10 October						
月	火	水	木	金	土	日		月	火	水	木	金	土	日
						1				1	2	3	4	5	6
2	3	4	5	6	7	8		7	8	9	10	11	12	13
9	10	11	12	13	14	15		14	15	16	17	18	19	20
16	17	18	19	20	21	22		21	22	23	24	25	26	27
23	24	25	26	27	28	29		28	29	30	31			
30														

	子どもの活躍・ほめたいこと	気になったこと・欠席	連絡事項・メモ
9 月			
10 火			
11 水			
12 木			
13 金			
4 土 / **15**			

9

指導時数

	国語	社会	算数	理科	生活	音楽	図工	家庭	体育	道徳	外国語	総合	学活			計
定																

9/16 → 22

16 □月	17 □火	18 □水	19 □木	20 □金	21 □土
敬老の日					

�／

1

2

3

4

| | | | | | 22 |
| | | | | | 秋分 |

5

6

9 September								10 October						
月	火	水	木	金	土	日		月	火	水	木	金	土	日
						1			1	2	3	4	5	6
2	3	4	5	6	7	8		7	8	9	10	11	12	13
9	10	11	12	13	14	15		14	15	16	17	18	19	20
16	17	18	19	20	21	22		21	22	23	24	25	26	27
23	24	25	26	27	28	29		28	29	30	31			
30														

	子どもの活躍・ほめたいこと	気になったこと・欠席	連絡事項・メモ
16 月			
17 火			
18 水			
19 木			
20 金			
1/22 土			

9

指導時数

	国語	社会	算数	理科	生活	音楽	図工	家庭	体育	道徳	外国語	総合	学活			計
定	/	/	/	/	/	/	/	/	/	/	/	/	/	/	/	/

9/23 → 29

23 □月	24 □火	25 □水	26 □木	27 □金	28 □土
振替休日					
☼					
1					
2					
3					
4					
					29
5					
6					
☐☐☐☐	☐☐☐☐	☐☐☐☐	☐☐☐☐	☐☐☐☐	

9 September							10 October						
月	火	水	木	金	土	日	月	火	水	木	金	土	日
						1		1	2	3	4	5	6
2	3	4	5	6	7	8	7	8	9	10	11	12	13
9	10	11	12	13	14	15	14	15	16	17	18	19	20
16	17	18	19	20	21	22	21	22	23	24	25	26	27
23	24	25	26	27	28	29	28	29	30	31			
30													

	子どもの活躍・ほめたいこと	気になったこと・欠席	連絡事項・メモ
23 月			
24 火			
25 水			
26 木			
27 金			
3 土 / **29**			

9

指導時数

	国語	社会	算数	理科	生活	音楽	図工	家庭	体育	道徳	外国語	総合	学活			計
	/	/	/	/	/	/	/	/	/	/	/	/	/	/	/	/

9/30 → 10/6

30 ☐月	1 ☐火	2 ☐水	3 ☐木	4 ☐金	5 ☐土
☼					
1					
2					
3					
4					
5					**6**
6					
☐ ☐ ☐ ☐	☐ ☐ ☐ ☐	☐ ☐ ☐ ☐	☐ ☐ ☐ ☐	☐ ☐ ☐ ☐	

10 October								11 November						
月	火	水	木	金	土	日		月	火	水	木	金	土	日
	1	2	3	4	5	6						1	2	3
7	8	9	10	11	12	13		4	5	6	7	8	9	10
14	15	16	17	18	19	20		11	12	13	14	15	16	17
21	22	23	24	25	26	27		18	19	20	21	22	23	24
28	29	30	31					25	26	27	28	29	30	

	子どもの活躍・ほめたいこと	気になったこと・欠席	連絡事項・メモ
30 月			
1 火			
2 水			
3 木			
4 金			
5 土 / 6			

9/10

指導時数

	国語	社会	算数	理科	生活	音楽	図工	家庭	体育	道徳	外国語	総合	学活			計
定																

October

10/7 → 13

4（令和6年）　第28週＜第　　週

7 □月	8 □火	9 □水	10 □木	11 □金	12 □土

☀

1

2

3

4

13

5

6

□ □ □ □ □
□ □ □ □ □
□ □ □ □ □
□ □ □ □ □

10 October							11 November						
月	火	水	木	金	土	日	月	火	水	木	金	土	日
	1	2	3	4	5	6					1	2	3
7	8	9	10	11	12	13	4	5	6	7	8	9	10
14	15	16	17	18	19	20	11	12	13	14	15	16	17
21	22	23	24	25	26	27	18	19	20	21	22	23	24
28	29	30	31				25	26	27	28	29	30	

	子どもの活躍・ほめたいこと	気になったこと・欠席	連絡事項・メモ
7 月			
8 火			
9 水			
10 木			
11 金			
2 土 / **13**			

10

指導時数

	国語	社会	算数	理科	生活	音楽	図工	家庭	体育	道徳	外国語	総合	学活			計
予定	/	/	/	/	/	/	/	/	/	/	/	/	/	/	/	/
計																

10/14 → 20

14 ☐月	15 ☐火	16 ☐水	17 ☐木	18 ☐金	19 ☐土
スポーツの日					

☀

1

2

3

4

20 日

5

6

☐	☐	☐	☐	☐	
☐	☐	☐	☐	☐	
☐	☐	☐	☐	☐	
☐	☐	☐	☐	☐	

10 October

月	火	水	木	金	土	日
	1	2	3	4	5	6
7	8	9	10	11	12	13
14	15	16	17	18	19	20
21	22	23	24	25	26	27
28	29	30	31			

11 November

月	火	水	木	金	土	日
				1	2	3
4	5	6	7	8	9	10
11	12	13	14	15	16	17
18	19	20	21	22	23	24
25	26	27	28	29	30	

子どもの活躍・ほめたいこと	気になったこと・欠席	連絡事項・メモ
14 月		
15 火		
16 水		
17 木		
18 金		
19 土 / **20**		

10

指導時数

	国語	社会	算数	理科	生活	音楽	図工	家庭	体育	道徳	外国語	総合	学活			計
予定	/	/	/	/	/	/	/	/	/	/	/	/	/	/	/	/

October

10/21 → 27

	21 ☐月	22 ☐火	23 ☐水	24 ☐木	25 ☐金	26 ☐土
☼						
1						
2						
3						
4						
5						27 日
6						
	☐☐☐☐	☐☐☐☐	☐☐☐☐	☐☐☐☐	☐☐☐☐	

10 October								11 November						
月	火	水	木	金	土	日		月	火	水	木	金	土	日
	1	2	3	4	5	6						1	2	3
7	8	9	10	11	12	13		4	5	6	7	8	9	10
14	15	16	17	18	19	20		11	12	13	14	15	16	17
21	22	23	24	25	26	27		18	19	20	21	22	23	24
28	29	30	31					25	26	27	28	29	30	

	子どもの活躍・ほめたいこと	気になったこと・欠席	連絡事項・メモ
21 月			
22 火			
23 水			
24 木			
25 金			
6 土 / **27**			

10

指導時数

	国語	社会	算数	理科	生活	音楽	図工	家庭	体育	道徳	外国語	総合	学活			計
予定	/	/	/	/	/	/	/	/	/	/	/	/	/	/	/	/
計																

10/28 → 11/3

28 □月	29 □火	30 □水	31 □木	1 □金	2 □土
			ハロウィン		

☼

1

2

3

4

					3 日
					文化

5

6

□ □ □ □ □
□ □ □ □ □
□ □ □ □ □
□ □ □ □ □

10 October						
月	火	水	木	金	土	日
	1	2	3	4	5	6
7	8	9	10	11	12	13
14	15	16	17	18	19	20
21	22	23	24	25	26	27
28	29	30	31			

11 November						
月	火	水	木	金	土	日
				1	2	3
4	5	6	7	8	9	10
11	12	13	14	15	16	17
18	19	20	21	22	23	24
25	26	27	28	29	30	

	子どもの活躍・ほめたいこと	気になったこと・欠席	連絡事項・メモ
28 月			
29 火			
30 水			
31 木			
1 金			
2 土 / **3**			

10/11

指導時数

	国語	社会	算数	理科	生活	音楽	図工	家庭	体育	道徳	外国語	総合	学活			計
定	/	/	/	/	/	/	/	/	/	/	/	/	/	/	/	/

November

11 /4 → 10

4 □月	5 □火	6 □水	7 □木	8 □金	9 □土
振替休日					
☼					
1					
2					
3					
4					**10**
5					
6					
□□□□	□□□□	□□□□	□□□□	□□□□	

11 November								12 December						
月	火	水	木	金	土	日		月	火	水	木	金	土	日
				1	2	3								1
4	5	6	7	8	9	10		2	3	4	5	6	7	8
11	12	13	14	15	16	17		9	10	11	12	13	14	15
18	19	20	21	22	23	24		16	17	18	19	20	21	22
25	26	27	28	29	30			23	24	25	26	27	28	29
								30	31					

	子どもの活躍・ほめたいこと	気になったこと・欠席	連絡事項・メモ
4 月			
5 火			
6 水			
7 木			
8 金			
9 土 / **10**			

11

指導時数

	国語	社会	算数	理科	生活	音楽	図工	家庭	体育	道徳	外国語	総合	学活			計
予定	/	/	/	/	/	/	/	/	/	/	/	/	/	/	/	/
計																

11 /11 → 17

	11 ☐月	12 ☐火	13 ☐水	14 ☐木	15 ☐金	16 ☐土
					七五三	
☼						
1						
2						
3						
4						
						17
5						
6						
	☐☐☐☐	☐☐☐☐	☐☐☐☐	☐☐☐☐	☐☐☐☐	

11 November								12 December						
月	火	水	木	金	土	日		月	火	水	木	金	土	日
				1	2	3								1
4	5	6	7	8	9	10		2	3	4	5	6	7	8
11	12	13	14	15	16	17		9	10	11	12	13	14	15
18	19	20	21	22	23	24		16	17	18	19	20	21	22
25	26	27	28	29	30			23	24	25	26	27	28	29
								30	31					

子どもの活躍・ほめたいこと	気になったこと・欠席	連絡事項・メモ
11 月		
12 火		
13 水		
14 木		
15 金		
16 土 / **17**		

11

旨導時数

	国語	社会	算数	理科	生活	音楽	図工	家庭	体育	道徳	外国語	総合	学活			計
定	/	/	/	/	/	/	/	/	/	/	/	/	/	/	/	/

11/18 → 24

18 □月	19 □火	20 □水	21 □木	22 □金	23 □土
					勤労感謝の
☼					
1					
2					
3					
4					
5					24
6					
□	□	□	□	□	
□	□	□	□	□	
□	□	□	□	□	
□	□	□	□	□	

11	November							12	December						
月	火	水	木	金	土	日		月	火	水	木	金	土	日	
				1	2	3								1	
4	5	6	7	8	9	10		2	3	4	5	6	7	8	
11	12	13	14	15	16	17		9	10	11	12	13	14	15	
18	19	20	21	22	23	24		16	17	18	19	20	21	22	
25	26	27	28	29	30			23	24	25	26	27	28	29	
								30	31						

	子どもの活躍・ほめたいこと	気になったこと・欠席	連絡事項・メモ
18 月			
19 火			
20 水			
21 木			
22 金			
3／24			

11

指導時数

	国語	社会	算数	理科	生活	音楽	図工	家庭	体育	道徳	外国語	総合	学活			計
定	/	/	/	/	/	/	/	/	/	/	/	/	/	/	/	/
計																

11/25 → 12/1

	25 □月	26 □火	27 □水	28 □木	29 □金	30 □
☀						
1						
2						
3						
4						
5						1
6						
	☐ ☐ ☐ ☐	☐ ☐ ☐ ☐	☐ ☐ ☐ ☐	☐ ☐ ☐ ☐	☐ ☐ ☐ ☐	

11 November
月 火 水 木 金 土 日
              1 2 3
4 5 6 7 8 9 10
11 12 13 14 15 16 17
18 19 20 21 22 23 24
25 26 27 28 29 30

12 December
月 火 水 木 金 土 日
                    1
2 3 4 5 6 7 8
9 10 11 12 13 14 15
16 17 18 19 20 21 22
23 24 25 26 27 28 29
30 31

	子どもの活躍・ほめたいこと	気になったこと・欠席	連絡事項・メモ
25 月			
26 火			
27 水			
28 木			
29 金			
0 土 / **1**			

11/12

指導時数

	国語	社会	算数	理科	生活	音楽	図工	家庭	体育	道徳	外国語	総合	学活			計
予定	/	/	/	/	/	/	/	/	/	/	/	/	/	/		/
計																

12 /2 → 8

2 □月	3 □火	4 □水	5 □木	6 □金	7 □土
☼					
1					
2					
3					
4					
5					8
6					
☐☐☐☐	☐☐☐☐	☐☐☐☐	☐☐☐☐	☐☐☐☐	

12 December								1 January						
月	火	水	木	金	土	日		月	火	水	木	金	土	日
						1								1
2	3	4	5	6	7	8		6	7	8	9	10	11	12
9	10	11	12	13	14	15		13	14	15	16	17	18	19
16	17	18	19	20	21	22		20	21	22	23	24	25	26
23	24	25	26	27	28	29		27	28	29	30	31		
30	31													

	子どもの活躍・ほめたいこと	気になったこと・欠席	連絡事項・メモ
2 月			
3 火			
4 水			
5 木			
6 金			
土 / 8			

12

指導時数

	国語	社会	算数	理科	生活	音楽	図工	家庭	体育	道徳	外国語	総合	学活			計
	/	/	/	/	/	/	/	/	/	/	/	/	/	/	/	/

12/9 → 15

9 月	10 火	11 水	12 木	13 金	14
☀					
1					
2					
3					
4					
5					15
6					
☐☐☐☐	☐☐☐☐	☐☐☐☐	☐☐☐☐	☐☐☐☐	

12 December
月	火	水	木	金	土	日
						1
2	3	4	5	6	7	8
9	10	11	12	13	14	15
16	17	18	19	20	21	22
23	24	25	26	27	28	29
30	31					

1 January
月	火	水	木	金	土	日
		1	2	3	4	5
6	7	8	9	10	11	12
13	14	15	16	17	18	19
20	21	22	23	24	25	26
27	28	29	30	31		

	子どもの活躍・ほめたいこと	気になったこと・欠席	連絡事項・メモ
9 月			
10 火			
11 水			
12 木			
13 金			
4／**15** 土			

12

指導時数

	国語	社会	算数	理科	生活	音楽	図工	家庭	体育	道徳	外国語	総合	学活			計
定	/	/	/	/	/	/	/	/	/	/	/	/	/	/	/	/
計																

12/16 → 22

16 ☐月	17 ☐火	18 ☐水	19 ☐木	20 ☐金	21 ☐土
☼					
1					
2					
3					
4					
5					22
6					
☐ ☐ ☐ ☐	☐ ☐ ☐ ☐	☐ ☐ ☐ ☐	☐ ☐ ☐ ☐	☐ ☐ ☐ ☐	

12 December
月	火	水	木	金	土	日
						1
2	3	4	5	6	7	8
9	10	11	12	13	14	15
16	17	18	19	20	21	22
23	24	25	26	27	28	29
30	31					

1 January
月	火	水	木	金	土	日
		1	2	3	4	5
6	7	8	9	10	11	12
13	14	15	16	17	18	19
20	21	22	23	24	25	26
27	28	29	30	31		

	子どもの活躍・ほめたいこと	気になったこと・欠席	連絡事項・メモ
16 月			
17 火			
18 水			
19 木			
20 金			
1土 / **22**			

12

指導時数

	国語	社会	算数	理科	生活	音楽	図工	家庭	体育	道徳	外国語	総合	学活			計
定	/	/	/	/	/	/	/	/	/	/	/	/	/	/	/	/

12/23 → 29

23 □月	24 □火	25 □水	26 □木	27 □金	28 □土
		クリスマス			

☀

1

2

3

4

| | | | | | 29 |

5

6

□
□
□
□

12 December
月	火	水	木	金	土	日
						1
2	3	4	5	6	7	8
9	10	11	12	13	14	15
16	17	18	19	20	21	22
23	24	25	26	27	28	29
30	31					

1 January
月	火	水	木	金	土	日
		1	2	3	4	5
6	7	8	9	10	11	12
13	14	15	16	17	18	19
20	21	22	23	24	25	26
27	28	29	30	31		

	子どもの活躍・ほめたいこと	気になったこと・欠席	連絡事項・メモ
23 月			
24 火			
25 水			
26 木			
27 金			
8 土 / **29**			

12

指導時数

	国語	社会	算数	理科	生活	音楽	図工	家庭	体育	道徳	外国語	総合	学活			計
予定	/	/	/	/	/	/	/	/	/	/	/	/	/	/	/	/

12/30 → 1/5

30 月	31 火	1 水	2 木	3 金	4 土
		大晦日 元日			
☀					
1					
2					
3					
4					5
5					
6					
☐☐☐☐	☐☐☐☐	☐☐☐☐	☐☐☐☐	☐☐☐☐	

1 January								2 February						
月	火	水	木	金	土	日		月	火	水	木	金	土	日
		1	2	3	4	5							1	2
6	7	8	9	10	11	12		3	4	5	6	7	8	9
13	14	15	16	17	18	19		10	11	12	13	14	15	16
20	21	22	23	24	25	26		17	18	19	20	21	22	23
27	28	29	30	31				24	25	26	27	28		

	子どもの活躍・ほめたいこと	気になったこと・欠席	連絡事項・メモ
30 月			
31 火			
1 水			
2 木			
3 金			
4 土 / **5**			

12/1

指導時数

	国語	社会	算数	理科	生活	音楽	図工	家庭	体育	道徳	外国語	総合	学活			計
定	/	/	/	/	/	/	/	/	/	/	/	/	/	/	/	/
計																

1/6 → 12

6 □月	7 □火	8 □水	9 □木	10 □金	11 □土
☼					
1					
2					
3					
4					
5					12
6					
□ □ □ □	□ □ □ □	□ □ □ □	□ □ □ □	□ □ □ □	

1 January
月 火 水 木 金 土 日
　　　　1　2　3　4　5
6　7　8　9　10　11　12
13　14　15　16　17　18　19
20　21　22　23　24　25　26
27　28　29　30　31

2 February
月 火 水 木 金 土 日
　　　　　　1　2
3　4　5　6　7　8　9
10　11　12　13　14　15　16
17　18　19　20　21　22　23
24　25　26　27　28

	子どもの活躍・ほめたいこと	気になったこと・欠席	連絡事項・メモ
6 月			
7 火			
8 水			
9 木			
0 金			
1 土 / **12**			

1

指導時数

	国語	社会	算数	理科	生活	音楽	図工	家庭	体育	道徳	外国語	総合	学活			計
予定	/	/	/	/	/	/	/	/	/	/	/	/	/	/	/	/

1/13 → 19

13 ☐月	14 ☐火	15 ☐水	16 ☐木	17 ☐金	18 ☐土
成人の日					
☀					
1					
2					
3					
4					
5					19
6					
☐☐☐☐	☐☐☐☐	☐☐☐☐	☐☐☐☐	☐☐☐☐	

1	January						
月	火	水	木	金	土	日
				1	2	3	4	5
6	7	8	9	10	11	12
13	14	15	16	17	18	19
20	21	22	23	24	25	26
27	28	29	30	31		

2	February						
月	火	水	木	金	土	日
					1	2
3	4	5	6	7	8	9
10	11	12	13	14	15	16
17	18	19	20	21	22	23
24	25	26	27	28		

	子どもの活躍・ほめたいこと	気になったこと・欠席	連絡事項・メモ
13 月			
14 火			
15 水			
16 木			
17 金			
3／**19** 土			

1

指導時数

	国語	社会	算数	理科	生活	音楽	図工	家庭	体育	道徳	外国語	総合	学活			計
定	/	/	/	/	/	/	/	/	/	/	/	/	/	/	/	/

1/20 → 26

20 ☐月	21 ☐火	22 ☐水	23 ☐木	24 ☐金	25 ☐土
☀					
1					
2					
3					
4					
					26
5					
6					
☐☐☐☐	☐☐☐☐	☐☐☐☐	☐☐☐☐	☐☐☐☐	

1	January							2	February					
月	火	水	木	金	土	日		月	火	水	木	金	土	日
		1	2	3	4	5							1	2
6	7	8	9	10	11	12		3	4	5	6	7	8	9
13	14	15	16	17	18	19		10	11	12	13	14	15	16
20	21	22	23	24	25	26		17	18	19	20	21	22	23
27	28	29	30	31				24	25	26	27	28		

	子どもの活躍・ほめたいこと	気になったこと・欠席	連絡事項・メモ
20 月			
21 火			
22 水			
23 木			
24 金			
25 土 / **26**			

1

指導時数

	国語	社会	算数	理科	生活	音楽	図工	家庭	体育	道徳	外国語	総合	学活			計
定	/	/	/	/	/	/	/	/	/	/	/	/	/	/	/	/

1/27 → 2/2

27 ☐月	28 ☐火	29 ☐水	30 ☐木	31 ☐金	1 ☐土
☼					
1					
2					
3					
4					
5					2
6					
☐☐☐☐	☐☐☐☐	☐☐☐☐	☐☐☐☐	☐☐☐☐	

1 January							2 February						
月	火	水	木	金	土	日	月	火	水	木	金	土	日
		1	2	3	4	5						1	2
6	7	8	9	10	11	12	3	4	5	6	7	8	9
13	14	15	16	17	18	19	10	11	12	13	14	15	16
20	21	22	23	24	25	26	17	18	19	20	21	22	23
27	28	29	30	31			24	25	26	27	28		

	子どもの活躍・ほめたいこと	気になったこと・欠席	連絡事項・メモ
27 月			
28 火			
29 水			
30 木			
31 金			
土 / **2**			

1/2

指導時数

	国語	社会	算数	理科	生活	音楽	図工	家庭	体育	道徳	外国語	総合	学活			計
定	/	/	/	/	/	/	/	/	/	/	/	/	/	/	/	/

2/3 → 9

3 ☐月	4 ☐火	5 ☐水	6 ☐木	7 ☐金	8
☼					
1					
2					
3					
4					9
5					
6					
☐☐☐☐	☐☐☐☐	☐☐☐☐	☐☐☐☐	☐☐☐☐	

2 February
月 火 水 木 金 土 日
            1 2
3 4 5 6 7 8 9
10 11 12 13 14 15 16
17 18 19 20 21 22 23
24 25 26 27 28

3 March
月 火 水 木 金 土 日
            1 2
3 4 5 6 7 8 9
10 11 12 13 14 15 16
17 18 19 20 21 22 23
24 25 26 27 28 29 30
31

子どもの活躍・ほめたいこと	気になったこと・欠席	連絡事項・メモ
3 月		
4 火		
5 水		
6 木		
7 金		
8 / 9 土		

2

指導時数

	国語	社会	算数	理科	生活	音楽	図工	家庭	体育	道徳	外国語	総合	学活			計
予定	/	/	/	/	/	/	/	/	/	/	/	/	/	/	/	/
計																

2/10 → 16

10 ☐月	11 ☐火	12 ☐水	13 ☐木	14 ☐金	15 ☐土
	建国記念の日			バレンタインデー	

☀

1

2

3

4

16 日

5

6

☐ ☐ ☐ ☐ ☐
☐ ☐ ☐ ☐ ☐
☐ ☐ ☐ ☐ ☐
☐ ☐ ☐ ☐ ☐

2 February
月	火	水	木	金	土	日
					1	2
3	4	5	6	7	8	9
10	11	12	13	14	15	16
17	18	19	20	21	22	23
24	25	26	27	28		

3 March
月	火	水	木	金	土	日
					1	2
3	4	5	6	7	8	9
10	11	12	13	14	15	16
17	18	19	20	21	22	23
24	25	26	27	28	29	30
31						

子どもの活躍・ほめたいこと	気になったこと・欠席	連絡事項・メモ
10 月		
11 火		
12 水		
13 木		
4 金		
5 土 / **16**		

指導時数

	国語	社会	算数	理科	生活	音楽	図工	家庭	体育	道徳	外国語	総合	学活			計
定																

2

2/17 → 23

17 □月	18 □火	19 □水	20 □木	21 □金	22 □土
☀					
1					
2					
3					
4					
5					**23** 天皇誕
6					
☐☐☐☐	☐☐☐☐	☐☐☐☐	☐☐☐☐	☐☐☐☐	

2 February
月 火 水 木 金 土 日
　　　　　 1　2
3　4　5　6　7　8　9
10　11　12　13　14　15　16
17　18　19　20　21　22　23
24　25　26　27　28

3 March
月 火 水 木 金 土 日
　　　　　 1　2
3　4　5　6　7　8　9
10　11　12　13　14　15　16
17　18　19　20　21　22　23
24　25　26　27　28　29　30
31

	子どもの活躍・ほめたいこと	気になったこと・欠席	連絡事項・メモ
17 月			
18 火			
19 水			
20 木			
21 金			
2/**23** 土			

2

指導時数

	国語	社会	算数	理科	生活	音楽	図工	家庭	体育	道徳	外国語	総合	学活			計
定	/	/	/	/	/	/	/	/	/	/	/	/	/	/		/

2/24 → 3/2

24 □月	25 □火	26 □水	27 □木	28 □金	1 ±
振替休日					

☀

1

2

3

4

5　　　　　　　　　　　　　　　　　　　　　　　2

6

□ □ □ □ □
□ □ □ □ □
□ □ □ □ □
□ □ □ □ □

2 February

月	火	水	木	金	土	日
					1	2
3	4	5	6	7	8	9
10	11	12	13	14	15	16
17	18	19	20	21	22	23
24	25	26	27	28		

3 March

月	火	水	木	金	土	日
					1	2
3	4	5	6	7	8	9
10	11	12	13	14	15	16
17	18	19	20	21	22	23
24	25	26	27	28	29	30
31						

	子どもの活躍・ほめたいこと	気になったこと・欠席	連絡事項・メモ
24 月			
25 火			
26 水			
27 木			
28 金			
土 / **2**			

指導時数

	国語	社会	算数	理科	生活	音楽	図工	家庭	体育	道徳	外国語	総合	学活			計
/定	/	/	/	/	/	/	/	/	/	/	/	/	/	/		/
†																

3/3 → 9

3 ☐月	4 ☐火	5 ☐水	6 ☐木	7 ☐金	8 ☐土
☀					
1					
2					
3					
4					
5					9
6					
☐ ☐ ☐ ☐	☐ ☐ ☐ ☐	☐ ☐ ☐ ☐	☐ ☐ ☐ ☐	☐ ☐ ☐ ☐	

3 March								4 April						
月	火	水	木	金	土	日		月	火	水	木	金	土	日
					1	2			1	2	3	4	5	6
3	4	5	6	7	8	9		7	8	9	10	11	12	13
10	11	12	13	14	15	16		14	15	16	17	18	19	20
17	18	19	20	21	22	23		21	22	23	24	25	26	27
24	25	26	27	28	29	30		28	29	30				
31														

	子どもの活躍・ほめたいこと	気になったこと・欠席	連絡事項・メモ
3 月 ☀☁☂❄			
4 火 ☀☁☂❄			
5 水 ☀☁☂❄			
6 木 ☀☁☂❄			
7 金 ☀☁☂❄			
8 土 ☀☁☂❄ / 9 ☀☁☂❄			

指導時数

国語	社会	算数	理科	生活	音楽	図工	家庭	体育	道徳	外国語	総合	学活			計
/	/	/	/	/	/	/	/	/	/	/	/	/	/	/	/

3

3 /10 → 16

	10 □月	11 □火	12 □水	13 □木	14 □金	15
					ホワイトデー	
☼						
1						
2						
3						
4						
						16
5						
6						
	□ □ □ □	□ □ □ □	□ □ □ □	□ □ □ □	□ □ □ □	

3 March
月 火 水 木 金 土 日
　　　　　1 2
3 4 5 6 7 8 9
10 11 12 13 14 15 16
17 18 19 20 21 22 23
24 25 26 27 28 29 30
31

4 April
月 火 水 木 金 土 日
1 2 3 4 5 6
7 8 9 10 11 12 13
14 15 16 17 18 19 20
21 22 23 24 25 26 27
28 29 30

	子どもの活躍・ほめたいこと	気になったこと・欠席	連絡事項・メモ
10 月			
11 火			
12 水			
13 木			
14 金			
15 / 16 土			

指導時数

	国語	社会	算数	理科	生活	音楽	図工	家庭	体育	道徳	外国語	総合	学活			計
予定	/	/	/	/	/	/	/	/	/	/	/	/	/	/	/	/

3

3/17 → 23

17 □月	18 □火	19 □水	20 □木	21 □金	22 □土
			春分の日		
☼					
1					
2					
3					
4					
					23
5					
6					
	□ □ □ □	□ □ □ □	□ □ □ □	□ □ □ □	□ □ □ □

3	March							4	April					
月	火	水	木	金	土	日		月	火	水	木	金	土	日
					1	2			1	2	3	4	5	6
3	4	5	6	7	8	9		7	8	9	10	11	12	13
10	11	12	13	14	15	16		14	15	16	17	18	19	20
17	18	19	20	21	22	23		21	22	23	24	25	26	27
24	25	26	27	28	29	30		28	29	30				
31														

	子どもの活躍・ほめたいこと	気になったこと・欠席	連絡事項・メモ
17 月			
18 火			
19 水			
20 木			
21 金			
22 土 / **23**			

指導時数

	国語	社会	算数	理科	生活	音楽	図工	家庭	体育	道徳	外国語	総合	学活			計
定	/	/	/	/	/	/	/	/	/	/	/	/	/	/	/	/

3

3/24 → 30

	24 ☐月	25 ☐火	26 ☐水	27 ☐木	28 ☐金	29 ☐土
☼						
1						
2						
3						
4						
						30
5						
6						
	☐☐☐☐	☐☐☐☐	☐☐☐☐	☐☐☐☐	☐☐☐☐	

3 March								4 April						
月	火	水	木	金	土	日		月	火	水	木	金	土	日
					1	2			1	2	3	4	5	6
3	4	5	6	7	8	9		7	8	9	10	11	12	13
10	11	12	13	14	15	16		14	15	16	17	18	19	20
17	18	19	20	21	22	23		21	22	23	24	25	26	27
24	25	26	27	28	29	30		28	29	30				
31														

	子どもの活躍・ほめたいこと	気になったこと・欠席	連絡事項・メモ
24 月			
25 火			
26 水			
27 木			
28 金			
9 土 / **30**			

指導時数

	国語	社会	算数	理科	生活	音楽	図工	家庭	体育	道徳	外国語	総合	学活			計
定	/	/	/	/	/	/	/	/	/	/	/	/	/	/	/	/
計																

3

3/31 → 4/6

	31 月	1 火	2 水	3 木	4 金	5 土
☀						
1						
2						
3						
4						
						6 日
5						
6						
	☐ ☐ ☐ ☐	☐ ☐ ☐ ☐	☐ ☐ ☐ ☐	☐ ☐ ☐ ☐	☐ ☐ ☐ ☐	

3 March								4 April						
月	火	水	木	金	土	日		月	火	水	木	金	土	日
					1	2			1	2	3	4	5	6
3	4	5	6	7	8	9		7	8	9	10	11	12	13
10	11	12	13	14	15	16		14	15	16	17	18	19	20
17	18	19	20	21	22	23		21	22	23	24	25	26	27
24	25	26	27	28	29	30		28	29	30				
31														

	子どもの活躍・ほめたいこと	気になったこと・欠席	連絡事項・メモ
31 月			
1 火			
2 水			
3 木			
4 金			
5 土 / **6**			

指導時数

	国語	社会	算数	理科	生活	音楽	図工	家庭	体育	道徳	外国語	総合	学活			計
定	/	/	/	/	/	/	/	/	/	/	/	/	/	/	/	/

3/4

手　　紙

頭語と結語

	頭　　語	結　語		頭　　語	結　語
一般的な場合	拝啓、拝呈、啓上 一筆申し上げます。	敬　具 拝　具	前文を省略する 場合	前略、冠省 前文お許しください。	草々、早々
ていねいな場合	謹啓、謹呈、恭啓 謹んで申し上げます。	敬　白 謹　言	同一用件の場合	再啓、再呈、追啓 重ねて申し上げます。	再拝、拝具 敬白
急　ぐ　場　合	急啓、急呈、急白 取り急ぎ申し上げます。	草　々 不　一	返信の場合	拝復、謹答、復啓 ご書面拝読いたしました。	敬具

副文の起語
追伸、追啓、追書、再申

時候のあいさつ

月	あ　い　さ　つ	月	あ　い　さ　つ
1月 (睦月)	謹賀新年、新春の候、厳冬の候、寒気きびしい折から、初春とはいえきびしい寒さでございます、近年にない寒さ	7月 (文月)	盛夏の候、炎暑の候、暑さきびしい折から、暑中お見舞い申し上げます、海や山の恋しい季節となりました、連日きびしい暑さが続いております
2月 (如月)	余寒の候、残寒かえってきびしい折から、立春とは名ばかりの寒い日が続いております、梅のつぼみもそろそろ膨らみ始めました	8月 (葉月)	残暑の候、晩夏の候、残暑なおきびしい折から、暑さもようやく峠を越したようです
3月 (弥生)	早春の候、日増しに暖かくなってまいりました、ようやく春めいてまいりました、ひと雨ごとに暖かくなってまいりました	9月 (長月)	初秋の候、新秋の候、新涼の候、朝夕めっきりしのぎやすくなりました、さわやかな季節になりました
4月 (卯月)	春暖の候、陽春の候、春もたけなわになりました、花の便りも聞かれるころとなりました、うららかな好季節を迎え、桜花爛漫の今日このごろ	10月 (神無月)	仲秋の候、秋冷の候、秋の夜長となりました、秋晴れの快い季節となりました、日増しに秋も深まってまいりました
5月 (皐月)	新緑の候、若葉の候、青葉かおるころ、風かおるさわやかな季節になりました、新緑が燃えるような五月になりました	11月 (霜月)	晩秋の候、深秋の候、向寒の折から、朝夕はめっきり冷え込む昨今、紅葉の美しい季節になりました
6月 (水無月)	初夏の候、梅雨の候、天候不順の折から、向暑の折から、うっとうしい梅雨の季節になりました、さわやかな初夏となりました	12月 (師走)	初冬の候、師走の候、寒冷の候、きびしい寒さが続きます、歳末ご多忙の折、今年もおしせまってまいりました

安否のあいさつ

貴　社 貴　店 貴　行 貴　会 貴　下 貴　殿 皆々様 各　位	ますます いよいよ に　は	ご盛栄 ご発展 ご隆盛 ご繁栄 ご隆昌 ご清栄 ご壮健 ご健勝 ご清適	のことと の　趣 の　由	お喜び申し上げます 慶賀いたします 大慶に存じます 賀しあげます 何よりと存じます

業務のあいさつ

平素は 日頃は 毎　度 常　々 長　年	何かと 格別の 特別の 非常な 身にあまる	お引き立てを ご厚情を ご愛顧を ご高配を ご指導を ご支援を	賜わり 預　り いただき くださり 受　け	厚く御礼申し上げます ありがたく御礼申し上げます 感謝いたしております 恐縮に存じます

尊 敬 語

	自分について	相手方に対する尊称
本 人	私、小生（姓名）	あなた(様)、御主人様、御一同様、各位、…様先生
会 社 商 店	当社、弊社、小社 弊店、当店、小店	貴社、御社、貴行 貴店、貴営業所
社 員	当社社員 （弊社）	貴社社員、貴店店員 貴行行員、御社…様
団 体	当会、本会、協会 本組合、当事務所	貴会、貴協会、貴組合 貴事務所
学 校	当校、本校、母校 本学	貴校、御校、御母校 貴学
家 族	家族一同、私ども	御親族、御一同 御尊父様
住 所	当地、当市、本県 弊地、当方	御地、貴地、そちら

	自分について	相手方に対する尊称
家 屋	拙宅、私宅、私方、小宅、弊宅	貴家、尊家、お宅、貴邸、御尊宅
物 品	寸志、粗品	御厚志、佳品
手 紙	書面、手紙、書中	お手紙、御書面、御書信、御親書
意 見	所見、私見、考え	御意見、御所感
配 慮	配慮	御配慮、御高配、御尽力
授 受	拝受、入手、受領	御査収、御検収、お納め、御入手、御受領
往 来	お伺い、参上、御訪問	御来社、御来訪、お立ち寄り

慣 用 句

起 筆	とり急ぎご挨拶申し上げます。 早速ながら、次の通り申し上げます。 突然にて失礼ながら申し上げます。 とりあえず一報申し上げます。	紹介・推薦	○○様(君)をご紹介申し上げます。ぜひ一度、ご引見賜わりたく存じます。 ○○様(君)を推薦申し上げますので、どうぞご高配ください。
感 謝	早速のご回答有り難く、厚く御礼申し上げます。 お引立て心より感謝しております。 ご厚情、深謝奉ります。 突然お伺いいたし、ご多忙中にもかかわらず何かとお手数を煩わし、恐縮に存じました。	断わる	ご期待にそえなくて、誠に申し訳ございません。 お役に立てず、誠に恐縮に存じます。 せっかくのご依頼ですが不本意ながらご遠慮（辞退）申し上げます。 誠に残念でございますが、
依 頼	書面では失礼とは存じますがお願い申し上げます。 なにぶんのご指示をお願い申し上げます。 なにぶんのご回答をお願い申し上げます。 折り返しなにぶんのご回答賜わりますようお願いいたします。 なにぶんのご配慮願い上げます。 なにとぞお聞き届けのほど願い上げます。 お引立てのほどひとえにお願い申し上げます。 重ねてご依頼申し上げます。 まずはご依頼まで。 相変らずご愛顧のほどひとえにお願い申し上げます。 引き続きご用命いただきますようお願いいたします。 ぜひご承諾くださいますようお願いいたします。 よろしくお聞きとどけくださいますようお願い申し上げます。	陳謝・許しをこう	このたびは、ご迷惑をかけ何ともお詫び申し上げようもございません。 重ね重ね誠に恐縮に存じます。 なにとぞ事情ご賢察のうえ、ご寛容くださいますようお願い申し上げます。 深く陳謝いたします。 なにとぞお許しのほど願い上げます。 なにとぞご容赦のほど願い上げます。
		自愛を祈る	ご自愛のほど願い上げます。 時節柄ご自愛のほどお祈り申し上げます。 なお一層のご健康とご発展をお祈り申し上げます。
配 慮	まげてお聞きとどけくださいますようお願い申し上げます。 なにとぞご了承賜わりますようお願い申し上げます。 ご高配のほどお願い申し上げます。 今後とも倍旧のお引立てをお願い申し上げます。	回答・結び	まずはご返事（ご通知）申し上げます。 取りあえずお願いまで。 取りあえず書中をもってお詫び申し上げます。 とり急ぎご照会申し上げます。 まずはご案内（ご通知）申し上げます。 お礼かたがたご案内申し上げます。 まずはご照会申し上げます。 まずは略儀ながら書中をもってご挨拶申し上げます。 取りあえずご一報申し上げます。

おくりもの一覧表

	おくるもの	時　期	表書き	返　礼	表書き
結　婚	食器、鍋、電化製品（炊飯器、コーヒーメーカーなど）、時計、日用品、現金	挙式1ヵ月～1週間前までに	御祝、寿	披露宴に招く、挙式後1ヵ月以内に頂いた金額の半分～1/3程度の品物	内祝寿
出　産	衣類（産着、よだれかけ）毛糸、毛布、ネル、おもちゃ、育児日記、アルバム、産婦へのお見舞い品	親しい間柄以外は出産後1週間～1ヵ月	御祝、寿	生後1ヵ月前後子どもの名前で頂いた金額の半分～1/3程度の品物	内祝寿
初　節　句	ひな人形、桃の花、五月人形、鯉のぼり、ちまき、かしわ餅、しょうぶ	節句飾り前	御祝、寿	餅、赤飯、酒	内祝
誕　生　日	本人の好みをきくおもちゃ、装飾品、菓子	誕生日前誕生日当日	御祝、寿	赤飯、するめかつお節	内祝
お宮詣り七五三	幼児の身につけるもの産着（お宮詣りの場合）	4～5日前まで	御祝	赤飯、するめ千歳飴	内祝
進学入学祝い	本人の希望をきく新学年に必要な物学用品、本万年筆、時計	その時期の前後に	御祝	おちついたころあいさつ、父兄同伴で手みやげもって	
卒業就職祝い	社会人になるための必需品、身のまわりの品（服地、靴、服飾品、時計）ハンコ、商品券	その時期の前後に	御祝	初月給の日に手みやげもってあいさつに	
年　賀	料紙・酒肴季節のもの名入れ手帳	松の内（1日～15日）	御年賀御年始	な　し	
中元・歳暮	身分に応じたもの日用品、生活必需品、季節のもの	中元は7月15日まで、歳暮は12月20日まで	御中元御歳暮	な　し	
新築祝い	酒肴類、調度品室内装飾品、植木	通知を受けてから新居披露宴当日までに	御祝	新居披露宴、頂いた金額の半分～1/3程度の品物	内祝
病気見舞い	病状に適するもの生花（根物、椿、匂いや色の濃いものはさける）菓子、果物、人形	通知を受けてすぐ	御見舞	退院後（自宅療養の場合は床上げ後）早めに、または全快してから	快気祝内祝全快祝
災害見舞い	すぐ間にあうもの食物、衣類、毛布、ふとん、薬品、日用品、現金	できるだけ早く	御見舞	おちついてからあいさつ程度	
弔　事	仏式：香、ろうそく神式：榊共通：生花、造花、花輪　　　現金、菓子、果物	通夜の当日葬儀の当日初七日	仏式：御香料　　　御仏前　　　御霊前神式：御玉串料　　　御神饌料　　　御榊料	菓子、まんじゅうと茶、袱紗、風呂敷、椎茸、めん類などの乾物	忌明志
神社・寺への謝礼	現　金		御布施、御車代御膳料、志、御礼	な　し	な　し

※贈り物は、先方に自分の誠意が伝わることがいちばん大切です。
相手の立場にたって考え、時期をはずさないことが肝要です。

慶弔電報の文例（慶祝文）

種　類	文　　　例	字数	種　類	文　　　例	字数
出　産	御安産おめでとう	10	全　快	御退院おめでとう	10
	男子御出産おめでとう	14	大会・会合	大会を祝し、御盛会を祈る	19
	女子御出産おめでとう	14	および	栄ある大会出場を祝す	19
誕生日	お誕生日おめでとうございます	17	式　典	御盛会を祝す	10
	お誕生日を祝す	12		御盛会をお祝い申しあげます	17
入　学	御入学おめでとう	11		御盛典をお祝い申しあげます	17
	御入学おめでとうございます	16	優勝・入賞	優勝おめでとう	10
	入学おめでとう、飛躍を期待しています	23	および	優勝を祝す	10
	入学おめでとう、がんばれ一年生	21	表　彰	優勝ばんざい、よくやってくれたね	19
合　格	合格おめでとうございます	14		御入賞おめでとう	12
	栄ある合格を祝す	13		御入賞を祝す	12
	難関突破おめでとう	12	落　成	新築落成を祝す	13
	合格おめでとう、実り豊かな学生生活を	26	および	竣工を祝す	10
卒　業	御卒業おめでとう	11	開　業	竣工をお祝い申しあげます	17
	御卒業を祝す	11		御開業を祝す	11
就　職	御就職おめでとう	12		御開店を祝す	10
および	御就任を祝す	11	結　成	創立をお祝い申しあげます	16
就　任	御就職おめでとう、 　　今後の活躍を期待します	28		結成を祝し、ご発展を祈ります	21
栄　転	御栄転おめでとうございます	15	成人の日	御成人おめでとう	10
および	御栄転を祝す	10		御令息の成人を祝します	17
栄　進	御栄進おめでとうございます	15	こどもの日	今日はこどもの日、おめでとう	15
結　婚	御結婚おめでとう	10	母の日	母の日おめでとうございます	14
	御結婚を祝す	10	敬老の日	敬老の日おめでとうございます	16
	御結婚を祝し、末長く幸多かれと祈る	26		敬老の日おめでとう、	
	華燭の盛典を祝し御多幸を祈る	22		いつまでもお元気で	22
	御結婚おめでとう、おしあわせにね	18	七五三	七五三おめでとう	8
入　選	御入選おめでとう	11		今日は七五三、ほんとにうれしいね	17
	御入選を祝す	11	クリスマス	クリスマスおめでとう	10
当　選	御当選おめでとうございます	15		メリー・クリスマス	9
	大勝利おめでとうございます	16	年　賀	新年おめでとうございます	14
出　発	晴れの門出を祝す	11		明けましておめでとうございます	15
	晴れの門出を御祝い申しあげます	18		謹んで新年を祝す	14
	ごきげんよう、行っていらっしゃい	16		謹んで新年をお祝い申しあげます	21
帰　国	無事御帰国おめでとう	11		ハッピー・ニュー・イヤー	12
寿　賀	還暦のお祝いを申しあげます	17		新年を祝し、御安航を祈る	19
	喜寿のお祝いを申しあげます	16		早々と年賀をいただき	
	米寿のお祝いを申しあげます	17		ありがとうございます	23
	銀婚のお祝いを申しあげます	17	共　通	佳き日を寿ぎ、御多幸を祈ります	19
	金婚のお祝いを申しあげます	17			

（弔慰文）

弔　慰	謹んで哀悼の意を表します	18	弔　慰	御尊父様の御逝去を悼み、 　　謹んでお悔み申しあげます	33
	御逝去を悼み、 　　謹んでお悔み申しあげます	26		御母堂様の御逝去を悼み、 　　謹んでお悔み申しあげます	33
	御逝去を悼み、 　　御冥福をお祈り申しあげます	27		御逝去の報に接し、 　　心からお悔み申しあげます	29

●配達日時指定、お祝い・おくやみ用特別電報用紙が有料で用意されております。

一年のこよみ

1月 睦月(むつき) January(英) Januar(独) Janvier(仏)
1日=元日/初詣 2日=初荷/初夢/書き初め 6日=小寒 7日=七種の節句 8日=成人の日 10日=十日戎 11日=鏡開き 15日=小正月 16日=やぶ入り 17日=防災とボランティアの日 20日=大寒 26日=文化財防火デー
〔誕生石〕ガーネット(友愛) 〔誕生花〕水仙(自己愛)
〔草木花〕福寿草/蠟梅/シネラリア/シンビジューム
〔旬の味〕いわし/ひらめ/ふぐ/たら/牡蠣/ブロッコリー/京菜/春菊/ほうれん草/白菜
〔時候の挨拶〕新春/初春/寒さ厳しい折から

2月 如月(きさらぎ) February(英) Februar(独) Février(仏)
3日=節分 4日=立春 7日=北方領土の日 8日=針供養 10日=旧正月 11日=建国記念の日 12日=初午 14日=聖バレンタインデー 19日=雨水 23日=天皇誕生日
〔誕生石〕アメシスト(高貴)
〔誕生花〕フリージア(無邪気)
〔草木花〕梅/椿/わびすけ/節分草/マーガレット
〔旬の味〕いわし/白魚/ひらめ/ふぐ/京菜/春菊/ほうれん草/三つ葉/ごぼう/白菜
〔時候の挨拶〕立春/残雪/余寒がかえって厳しく

3月 弥生(やよい) March(英) März(独) Mars(仏)
1日=春の全国火災予防運動 3日=ひな祭/耳の日/平和の日 5日=啓蟄 7日=消防記念日 8日=国際女性の日 11日=いのちの日 12日=東大寺二月堂お水取り 14日=ホワイトデー 17日=彼岸入り 20日=春分の日 21日=国際人種差別撤廃デー 22日=放送記念日 23日=世界気象の日
〔誕生石〕アクアマリン(勇敢)
〔誕生花〕チューリップ(思いやり)
〔草木花〕なずな/蕗の薹/菜の花/たんぽぽ/猫柳
〔旬の味〕さわら/ひらめ/むつ/甘鯛/にしん/京菜/春菊/三つ葉/かぶ/からしな
〔時候の挨拶〕早春/春暖/浅春/一雨ごとに春めいて

4月 卯月(うづき) April(英) April(独) Avril(仏)
1日=エイプリルフール 2日=世界自閉症啓発デー 4日=清明 7日=世界保健デー 8日=花まつり 11日=メートル法公布記念日 19日=穀雨 20日=郵政記念日 23日=サン・ジョルディの日 29日=昭和の日 30日=図書館記念日
〔誕生石〕ダイヤモンド(潔白)
〔誕生花〕都忘れ(しばしの憩い)
〔草木花〕すみれ/蓮華/桜/花水木/木瓜/山吹
〔旬の味〕さわら/真鯛/飛魚/蛤/さより/玉葱/ふき/さやえんどう/筍/わらび/かぶ
〔時候の挨拶〕陽春/温暖/うららかな季節を迎え

5月 皐月(さつき) May(英) Mai(独) Mai(仏)
1日=八十八夜/メーデー 3日=憲法記念日 4日=みどりの日 5日=こどもの日/立夏 8日=世界赤十字デー 10日=愛鳥週間 12日=母の日 18日=国際博物館の日 20日=小満 22日=国際生物多様性の日 31日=世界禁煙デー
〔誕生石〕エメラルド(幸福) 〔誕生花〕鈴蘭(純粋)
〔草木花〕あやめ/水芭蕉/しゃくやく/藤
〔旬の味〕あじ/真鯛/いさき/鰹/さやえんどう/筍/わらび/キャベツ/そらまめ/グリンピース
〔時候の挨拶〕立夏/薫風/新緑/青葉の風かおる頃となりましたが

6月 水無月(みなづき) June(英) Juni(独) Juin(仏)
1日=気象記念日/電波の日/写真の日/鮎の日 4日=歯と口の健康週間 5日=芒種/世界環境デー 10日=入梅/時の記念日 16日=父の日 20日=世界難民の日 21日=夏至 23日=男女共同参画週間/沖縄慰霊の日 28日=貿易記念日
〔誕生石〕パール(健康) 〔誕生花〕薔薇(愛)
〔草木花〕雪の下/立葵/花菖蒲/紫陽花/泰山木
〔旬の味〕あじ/いさき/鰹/きす/はも/キャベツ/そらまめ/ピーマン/とうもろこし
〔時候の挨拶〕初夏/入梅/うっとうしい梅雨の季節になりましたが

7月 文月(ふみづき) July(英) Juli(独) Juillet(仏)
1日=半夏生/安全週間 4日=アメリカ独立記念日 6日=小暑 7日=七夕 11日=世界人口デー 14日=パリ祭 15日=海の日 16日=やぶ入り 17日=京都祇園祭(前祭・山鉾巡行) 22日=大暑 24日=土用の丑 25日=大阪天神祭(船渡御)
〔誕生石〕ルビー(情熱) 〔誕生花〕百合(孝心)
〔草木花〕黒百合/蓮/紅花/ねむのき/むくげ
〔旬の味〕いさき/きす/はも/鮎/鰻/かぼちゃ/きゅうり/トマト/ピーマン
〔時候の挨拶〕炎暑/盛夏/急に暑さが加わってきましたが

8月 葉月(はづき) August(英) August(独) Août(仏)
1日=水の日 6日=広島原爆忌 7日=立秋/鼻の日 9日=長崎原爆忌 11日=山の日 15日=終戦記念日/月遅れの盆 22日=処暑 31日=二百十日
〔誕生石〕ペリドット(幸福) 〔誕生花〕向日葵(光輝)
〔草木花〕白粉花/百日草/さるすべり
〔旬の味〕鮎/すずき/あわび/しじみ/するめ烏賊/かぼちゃ/きゅうり/トマト/さやいんげん/枝豆
〔時候の挨拶〕残暑/晩夏/残暑なお厳しい折から/海に山に夏を楽しんでおられることでしょう

9月 長月(ながつき) September(英) September(独) Septembre(仏)
1日=防災の日 7日=白露 8日=国際識字デー 9日=重陽の節句 13日=世界の法の日 16日=敬老の日 17日=十五夜 19日=彼岸入り 20日=空の日 21日=国際平和デー 22日=秋分の日
〔誕生石〕サファイア(慈愛) 〔誕生花〕孔雀草(可憐)
〔草木花〕すすき/彼岸花/桔梗/ダリア/萩
〔旬の味〕かれい/すずき/あわび/するめ烏賊/生椎茸/さやいんげん/松茸
〔時候の挨拶〕秋風/涼気/さわやかな季節を迎え/初秋の風を感じる頃となりました

10月 神無月(かんなづき) October(英) Oktober(独) Octobre(仏)
1日=法の日/共同募金/国際高齢者デー 8日=寒露 10日=目の愛護デー 14日=スポーツの日/鉄道の日 15日=十三夜 17日=貯蓄の日 23日=霜降/電信電話記念日 24日=国連デー 27日=読書週間 31日=世界勤倹デー/ハロウィン
〔誕生石〕オパール(安楽)
〔誕生花〕コスモス(乙女の純情)
〔草木花〕富士薊/鶏頭/金木犀
〔旬の味〕かれい/かます/鯖/ぼら/鮭/生椎茸/茄子/マッシュルーム/松茸/しめじ
〔時候の挨拶〕秋涼/秋の夜長/秋色いよいよ深くなりました

11月 霜月(しもつき) November(英) November(独) Novembre(仏)
1日=教育・文化週間/灯台記念日/計量記念日 3日=文化の日 5日=世界津波の日 7日=立冬 8日=世界都市計画の日 9日=秋の全国火災予防運動 15日=七五三 16日=国際寛容デー 22日=小雪 23日=勤労感謝の日
〔誕生石〕トパーズ(希望) 〔誕生花〕菊(長寿と幸福)
〔草木花〕つわぶき/りんどう/さざんか/柊
〔旬の味〕かれい/かます/鯖/鮭/秋刀魚/白菜/茄子/人参/しめじ/なめこ
〔時候の挨拶〕晩秋/向寒/秋もめっきり深くなってまいりましたが

12月 師走(しわす) December(英) Dezember(独) Décembre(仏)
1日=歳末たすけあい/映画の日/鉄の記念日/世界エイズデー 3日=国際障害者デー 4日=人権週間 7日=大雪 8日=針供養 10日=人権デー 21日=冬至 25日=クリスマス 31日=大晦日
〔誕生石〕ターコイズ(成功)
〔誕生花〕ストレリチア(輝く心)
〔草木花〕日本水仙/君子蘭/寒椿/シクラメン
〔旬の味〕ふぐ/たら/わかさぎ/牡蠣/ブロッコリー/白菜/うど/人参/なめこ
〔時候の挨拶〕寒冷/師走/年末ご多忙の折から

行事等は変更になる場合がございますので、新聞等で最新情報をご確認ください。

入学・卒業年早見表（小中高・学年別）

小学校

	1 学年		2 学年		3 学年	
生年	平成 29 年	2017	平成 28 年	2016	平成 27 年	2015
生年（早生まれ）	平成 30 年	2018	平成 29 年	2017	平成 28 年	2016
小学校入学	令和 6 年 4 月	2024	令和 5 年 4 月	2023	令和 4 年 4 月	2022
小学校卒業	令和 12 年 3 月	2030	令和 11 年 3 月	2029	令和 10 年 3 月	2028
中学校入学	令和 12 年 4 月	2030	令和 11 年 4 月	2029	令和 10 年 4 月	2028
中学校卒業	令和 15 年 3 月	2033	令和 14 年 3 月	2032	令和 13 年 3 月	2031
高校入学	令和 15 年 4 月	2033	令和 14 年 4 月	2032	令和 13 年 4 月	2031
高校卒業	令和 18 年 3 月	2036	令和 17 年 3 月	2035	令和 16 年 3 月	2034
大学等入学	令和 18 年 4 月	2036	令和 17 年 4 月	2035	令和 16 年 4 月	2034
短大等（2 年制）卒業	令和 20 年 3 月	2038	令和 19 年 3 月	2037	令和 18 年 3 月	2036
大学等（4 年制）卒業	令和 22 年 3 月	2040	令和 21 年 3 月	2039	令和 20 年 3 月	2038
成人になる年度	令和 17 年	2035	令和 16 年	2034	令和 15 年	2033

	4 学年		5 学年		6 学年	
生年	平成 26 年	2014	平成 25 年	2013	平成 24 年	2012
生年（早生まれ）	平成 27 年	2015	平成 26 年	2014	平成 25 年	2013
小学校入学	令和 3 年 4 月	2021	令和 2 年 4 月	2020	平成 31 年 4 月	2019
小学校卒業	令和 9 年 3 月	2027	令和 8 年 3 月	2026	令和 7 年 3 月	2025
中学校入学	令和 9 年 4 月	2027	令和 8 年 4 月	2026	令和 7 年 4 月	2025
中学校卒業	令和 12 年 3 月	2030	令和 11 年 3 月	2029	令和 10 年 3 月	2028
高校入学	令和 12 年 4 月	2030	令和 11 年 4 月	2029	令和 10 年 4 月	2028
高校卒業	令和 15 年 3 月	2033	令和 14 年 3 月	2032	令和 13 年 3 月	2031
大学等入学	令和 15 年 4 月	2033	令和 14 年 4 月	2032	令和 13 年 4 月	2031
短大等（2 年制）卒業	令和 17 年 3 月	2035	令和 16 年 3 月	2034	令和 15 年 3 月	2033
大学等（4 年制）卒業	令和 19 年 3 月	2037	令和 18 年 3 月	2036	令和 17 年 3 月	2035
成人になる年度	令和 14 年	2032	令和 13 年	2031	令和 12 年	2030

中学校

	1 学年		2 学年		3 学年	
生年	平成 23 年	2011	平成 22 年	2010	平成 21 年	2009
生年（早生まれ）	平成 24 年	2012	平成 23 年	2011	平成 22 年	2010
小学校入学	平成 30 年 4 月	2018	平成 29 年 4 月	2017	平成 28 年 4 月	2016
小学校卒業	令和 6 年 3 月	2024	令和 5 年 3 月	2023	令和 4 年 3 月	2022
中学校入学	令和 6 年 4 月	2024	令和 5 年 4 月	2023	令和 4 年 4 月	2022
中学校卒業	令和 9 年 3 月	2027	令和 8 年 3 月	2026	令和 7 年 3 月	2025
高校入学	令和 9 年 4 月	2027	令和 8 年 4 月	2026	令和 7 年 4 月	2025
高校卒業	令和 12 年 3 月	2030	令和 11 年 3 月	2029	令和 10 年 3 月	2028
大学等入学	令和 12 年 4 月	2030	令和 11 年 4 月	2029	令和 10 年 4 月	2028
短大等（2 年制）卒業	令和 14 年 3 月	2032	令和 13 年 3 月	2031	令和 12 年 3 月	2030
大学等（4 年制）卒業	令和 16 年 3 月	2034	令和 15 年 3 月	2033	令和 14 年 3 月	2032
成人になる年度	令和 11 年	2029	令和 10 年	2028	令和 9 年	2027

高等学校

	1 学年		2 学年		3 学年	
生年	平成 20 年	2008	平成 19 年	2007	平成 18 年	2006
生年（早生まれ）	平成 21 年	2009	平成 20 年	2008	平成 19 年	2007
小学校入学	平成 27 年 4 月	2015	平成 26 年 4 月	2014	平成 25 年 4 月	2013
小学校卒業	令和 3 年 3 月	2021	令和 2 年 3 月	2020	平成 31 年 3 月	2019
中学校入学	令和 3 年 4 月	2021	令和 2 年 4 月	2020	平成 31 年 4 月	2019
中学校卒業	令和 6 年 3 月	2024	令和 5 年 3 月	2023	令和 4 年 3 月	2022
高校入学	令和 6 年 4 月	2024	令和 5 年 4 月	2023	令和 4 年 4 月	2022
高校卒業	令和 9 年 3 月	2027	令和 8 年 3 月	2026	令和 7 年 3 月	2025
大学等入学	令和 9 年 4 月	2027	令和 8 年 4 月	2026	令和 7 年 4 月	2025
短大等（2 年制）卒業	令和 11 年 3 月	2029	令和 10 年 3 月	2028	令和 9 年 3 月	2027
大学等（4 年制）卒業	令和 13 年 3 月	2031	令和 12 年 3 月	2030	令和 11 年 3 月	2029
成人になる年度	令和 8 年	2026	令和 7 年	2025	令和 6 年	2024

※一般的な入学・卒業年です。留年等の場合には、表示された数字から計算してください。

今年成人を迎える卒業生	小学校卒業年	平成 31 年 3 月	2019
	中学校卒業年	令和 4 年 3 月	2022

防災のチェックポイント

防災関係の情報源

NHK あなたの天気・防災	https://www.nhk.or.jp/kishou-saigai/
日本気象協会：警報・注意報	https://tenki.jp/warn/
気象庁：防災情報	https://www.jma.go.jp/jma/menu/flash.html
国土交通省：川の防災情報	https://www.river.go.jp/
内閣府：防災情報のページ	https://www.bousai.go.jp/
東京都防災ホームページ	https://www.bousai.metro.tokyo.lg.jp/
防災科研（NIED）	https://www.bosai.go.jp/

災害時の連絡方法

災害用伝言ダイヤル171 ※171の後はガイダンスに従って操作ください。

携帯各社の災害用伝言板 ※トップメニューから「災害用伝言板」を選択ください。
　　　　　　　　　　　　　スマートフォンの場合は各社にお問い合わせください。

災害用伝言板(web171)　　　　　　　　　　　　　　　　　　https://www.web171.jp

　※上記サイトで案内に従って登録してください。

安否情報まとめて検索 - J-anpi　　　　　　　　　　　　　　https://anpi.jp/top

　※電話番号または氏名から、災害用伝言板、報道機関、各企業・団体が提供する安否情報を一括
　　検索し、結果を確認することができます。

非常時持ち出し品リスト　直ぐに持ち出せるようにリュックサックに入れておきましょう。

	用意するもの	注意点
食料	飲料水、ビスケット、乾パン、缶詰、レトルト食品、アルファー米、インスタント食品、おしゃぶり昆布(塩分補給できるもの)、甘い菓子(チョコレート等) ※粉ミルク、哺乳瓶、離乳食	食料・飲料水は最低3日分用意しましょう。(飲料水は一人1日最低3リットル必要)また、定期的に賞味期限の確認が必要です。
医療用品	常備薬、消毒液、傷薬、鎮痛剤、風邪薬、胃腸薬、目薬、消毒ガーゼ、包帯、三角巾、絆創膏、体温計、ピンセット、安全ピン、ハンドクリーム(手荒れ防止)、お薬手帳	薬を処方されている方は、処方薬や処方箋の控えを取っておきましょう。
貴重品	現金、身分証明書（運転免許証等）、通帳類、証書類、印鑑、健康保険証、パスポート、住基カード、家の鍵、自動車の鍵	公衆電話用に小銭が必要です。書類はコピーも用意しておきましょう。
生活用品	洗面用具(石鹸、タオル)、ティッシュ、ウェットティッシュ、トイレットペーパー、ビニールごみ袋、包装ラップ、紙皿、割り箸、ナイフ、はさみ、缶切り、筆記用具、メモ帳、予備の眼鏡、マスク、消臭剤、ガムテープ、携帯電話・スマートフォン、予備バッテリー・充電器、カセットコンロ・ガスボンベ ※紙おむつ、赤ちゃんのおしり拭きシート、生理用品	乳幼児、お年寄り、身体の不自由な方、病気の方それぞれに必要な物をチェックしましょう。
防災用品	携帯ラジオ(手動充電式等)、LED懐中電灯、予備電池、ろうそく、マッチ・ライター、ヘルメット・防災ずきん、軍手、古新聞、ビニールシート、ホイッスル・携帯ブザー、簡易トイレ、バール、ジャッキ、ロープ、使い捨てカイロ	情報入手手段となるラジオは、AM・FMの両方とも聞けるものを用意しましょう。懐中電灯は停電時や夜間の移動時に欠かせません。一人1個用意しましょう。
衣類・寝具	下着、靴下、防寒具、雨具、寝袋、毛布	衣類は動きやすいものを選びましょう。

災害時のための家族のおぼえ書き

項目＼家族				
〈連　絡　方　法〉				
[171]災害用伝言ダイヤル	☐	☐	☐	☐
携帯電話伝言ダイヤル	☐	☐	☐	☐
[web171]災害用ブロードバンド伝言板	☐	☐	☐	☐
その他	☐	☐	☐	☐

日常の滞在先

職場・学校等				

避難先リスト

待ちあわせ場所	避難先名				
	経　　　路				
	Ｔ　Ｅ　Ｌ				
一時避難先	避難先名				
	経　　　路				
	Ｔ　Ｅ　Ｌ				
広域避難先	避難先名				
	経　　　路				
	Ｔ　Ｅ　Ｌ				
その他避難先 避難所	避難先名				
	経　　　路				
	Ｔ　Ｅ　Ｌ				

安否情報連絡先

項目＼氏名				
〈連　絡　方　法〉 自宅固定電話 携帯電話				
[171]災害用伝言ダイヤル	☐	☐	☐	☐
携帯電話伝言ダイヤル	☐	☐	☐	☐
[web171]災害用ブロードバンド伝言板	☐	☐	☐	☐
その他	☐	☐	☐	☐

災害時情報入手先

市区町村　防災関連 都道府県庁　防災関連				

家族や親戚と連絡が取れるように情報を共有しましょう。

おくりもの＆電報メモ

年・月	だれに / だれから	品　物・文　面

Name	Address	Phone

Name	Address	Phone

	年　　組	/	/	/	/	/	/	/	/	/	/	/	/	/	/	/	
1																	1
2																	2
3																	3
4																	4
5																	5
6																	6
7																	7
8																	8
9																	9
10																	10
11																	11
12																	12
13																	13
14																	14
15																	15
16																	16
17																	17
18																	18
19																	19
20																	20
21																	21
22																	22
23																	23
24																	24
25																	25
26																	26
27																	27
28																	28
29																	29
30																	30
31																	31
32																	32
33																	33
34																	34
35																	35
36																	36
37																	37
38																	38
39																	39
40																	40

	/	/	/	/	/	/	/	/	/	/	/	/	/	/	/		
1																	1
2																	2
3																	3
4																	4
5																	5
6																	6
7																	7
8																	8
9																	9
10																	10
11																	11
12																	12
13																	13
14																	14
15																	15
16																	16
17																	17
18																	18
19																	19
20																	20
21																	21
22																	22
23																	23
24																	24
25																	25
26																	26
27																	27
28																	28
29																	29
30																	30
31																	31
32																	32
33																	33
34																	34
35																	35
36																	36
37																	37
38																	38
39																	39
40																	40

	年　　組 _____	/	/	/	/	/	/	/	/	/	/	/	/	/	/	/	
1																	1
2																	2
3																	3
4																	4
5																	5
6																	6
7																	7
8																	8
9																	9
10																	10
11																	11
12																	12
13																	13
14																	14
15																	15
16																	16
17																	17
18																	18
19																	19
20																	20
21																	21
22																	22
23																	23
24																	24
25																	25
26																	26
27																	27
28																	28
29																	29
30																	30
31																	31
32																	32
33																	33
34																	34
35																	35
36																	36
37																	37
38																	38
39																	39
40																	40

	/	/	/	/	/	/	/	/	/	/	/	/	/	/	/		
1																	1
2																	2
3																	3
4																	4
5																	5
6																	6
7																	7
8																	8
9																	9
10																	10
11																	11
12																	12
13																	13
14																	14
15																	15
16																	16
17																	17
18																	18
19																	19
20																	20
21																	21
22																	22
23																	23
24																	24
25																	25
26																	26
27																	27
28																	28
29																	29
30																	30
31																	31
32																	32
33																	33
34																	34
35																	35
36																	36
37																	37
38																	38
39																	39
10																	40

スクールプランニングノート®
シリーズのラインナップ

〈本冊〉学校の先生&職員のためのスケジュール管理&記録ノート。

教師向け

Aタイプ
小学校教師向け

B5サイズ ＊限定色あり

定価2,310円（税込）

授業・クラスの予定や
児童の毎日の記録を
手軽に。

Bタイプ
中学・高校教師向け

B5サイズ ＊限定色あり

定価2,310円（税込）

授業の計画・変更を
手元でスマートに管理。

Uタイプ
ユニバーサル

A4サイズ

定価3,080円（税込）

自由度の高いデザインで
どんな時間割にも対応。

管理職向け

Mタイプ
教頭・副校長・教務主任向け

B5サイズ

定価2,860円（税込）

学校管理職の広範囲に
わたる業務を効率化。

Pタイプ
校長向け

A5サイズ

定価3,300円（税込）

毎日のスケジュール管理から
経営計画、危機管理まで
これ1冊で!

➕ プラス

＼ 本冊と組み合わせて使える ／
〈別冊ノート〉

A5サイズ
B5サイズ

別冊・記録ノート

〈3冊セット〉
定価1,100円（税込）

会議や研修の
記録はおまかせ!

B5サイズ

別冊・名簿ノート

〈単品〉
定価495円（税込）

出欠席や成績・
提出物管理に!

B5サイズ

別冊・授業計画ノート

〈3冊セット〉
定価1,100円（税込）

指導略案や
授業計画を手軽に!

B5サイズ

別冊・児童生徒個別記録ノート

〈2冊セット〉
定価1,100円（税込）

個人票と面談の
記録を一元化!

事務職員向け

A5サイズ

Jタイプ
学校事務職員向け

定価2,420円（税込）

学校事務職員の仕事を
よりスムーズに。

好評発売中

スクールプランニングノート公式ガイドブック2

定価1,760円（税込）

全国の先生が
スクールプランニングノートを
どのように使っているかを
大調査。
さらに効率が上がる使い方を
一挙公開!

 詳しくは
学事出版
公式サイトへ

※「スクールプランニングノート」は学事出版株式会社の登録商標です。

□朝礼　□会議　□研修　□授業　□学級　□生徒指導　□面談　□部活動　□(　　　　　)

(　　)

：　～　：

□

□

□

□

□朝礼　□会議　□研修　□授業　□学級　□生徒指導　□面談　□部活動　□(　　　　　)

(　　)

:　～　:

□

□

□

□

(　　)

：　～　：

□

□

□

□

□

□

□

□

□

□

□

□

□朝礼　□会議　□研修　□授業　□学級　□生徒指導　□面談　□部活動　□(　　　　　　)

(　　)

：　～　：

□

□

□

□

□朝礼　□会議　□研修　□授業　□学級　□生徒指導　□面談　□部活動　□(　　　　　　　)

(　　　)

：　～　：

□

□

□

□

( )

: ～ :

□

□

□

□

□朝礼　□会議　□研修　□授業　□学級　□生徒指導　□面談　□部活動　□(　　　　　)

(　)

：　～　：

□

□

□

□

（　　）

：　～　：

□

□

□

□

□
□
□
□

（　　）

：　～　：

□

□

□

□

□

□

□

□

（　　　）

：　　～　　：

□

□

□

□

□

□

□

□

( )

:　～　:

□朝礼 □会議 □研修 □授業 □学級 □生徒指導 □面談 □部活動 □(   )

( )

: ~ :

□

□

□

□

( )

: ~ :

□

□

□

□

(　)

:　～　:

( )

:　　～　　:

□

□

□

□

□

□

□

□

□

□

□

□

（　　　）

：　～　：

□

□

□

□

(　　)

：　～　：

□

□

□

□

□朝礼 □会議 □研修 □授業 □学級 □生徒指導 □面談 □部活動 □(　　　　　)

(　)

：　～　：

□

□

□

□

(　　)

:　～　:

(　)

: 　 ~ 　 :

□

□

□

□

（　　）

：　～　：

□

□

□

□

（　　）

:　～　:

□

□

□

□

（　　）

: 　～　 :

□

□

□

□

( )

: ~ :

□

□

□

□

□朝礼　□会議　□研修　□授業　□学級　□生徒指導　□面談　□部活動　□(　　　　　　)

(　　)

：　～　：

□

□

□

□

□朝礼　□会議　□研修　□授業　□学級　□生徒指導　□面談　□部活動　□(　　　　　　　)

(　　)

：　～　：

□

□

□

□

□

□

□

□

（　　　）

：　　～　　：

□

□

□

□

□朝礼 □会議 □研修 □授業 □学級 □生徒指導 □面談 □部活動 □(　　　　　)

(　　)

:　　～　　:

□

□

□

□

（　　）

：　～　：

□
□
□
□

□朝礼　□会議　□研修　□授業　□学級　□生徒指導　□面談　□部活動　□(　　　　　)

（　　）

：　～　：

□

□

□

□

□朝礼　□会議　□研修　□授業　□学級　□生徒指導　□面談　□部活動　□(　　　　　)

(　　)

：　～　：

□

□

□

□

□

□

□

□

□朝礼 □会議 □研修 □授業 □学級 □生徒指導 □面談 □部活動 □(　　　　)

(　　)

：　～　：

□
□
□
□

□朝礼　□会議　□研修　□授業　□学級　□生徒指導　□面談　□部活動　□(　　　　　　)

(　　)

：　～　：

□

□

□

□

□朝礼　□会議　□研修　□授業　□学級　□生徒指導　□面談　□部活動　□(　　　　　)

（　　）

：　〜　：

□

□

□

□